カロライン・フート号が来た!

ペリーとハリスのはざまで

Yuzo Yamamoto

山本有造

風媒社

図 1-1 「豆州下田港入津之亜米利加婦人之図」

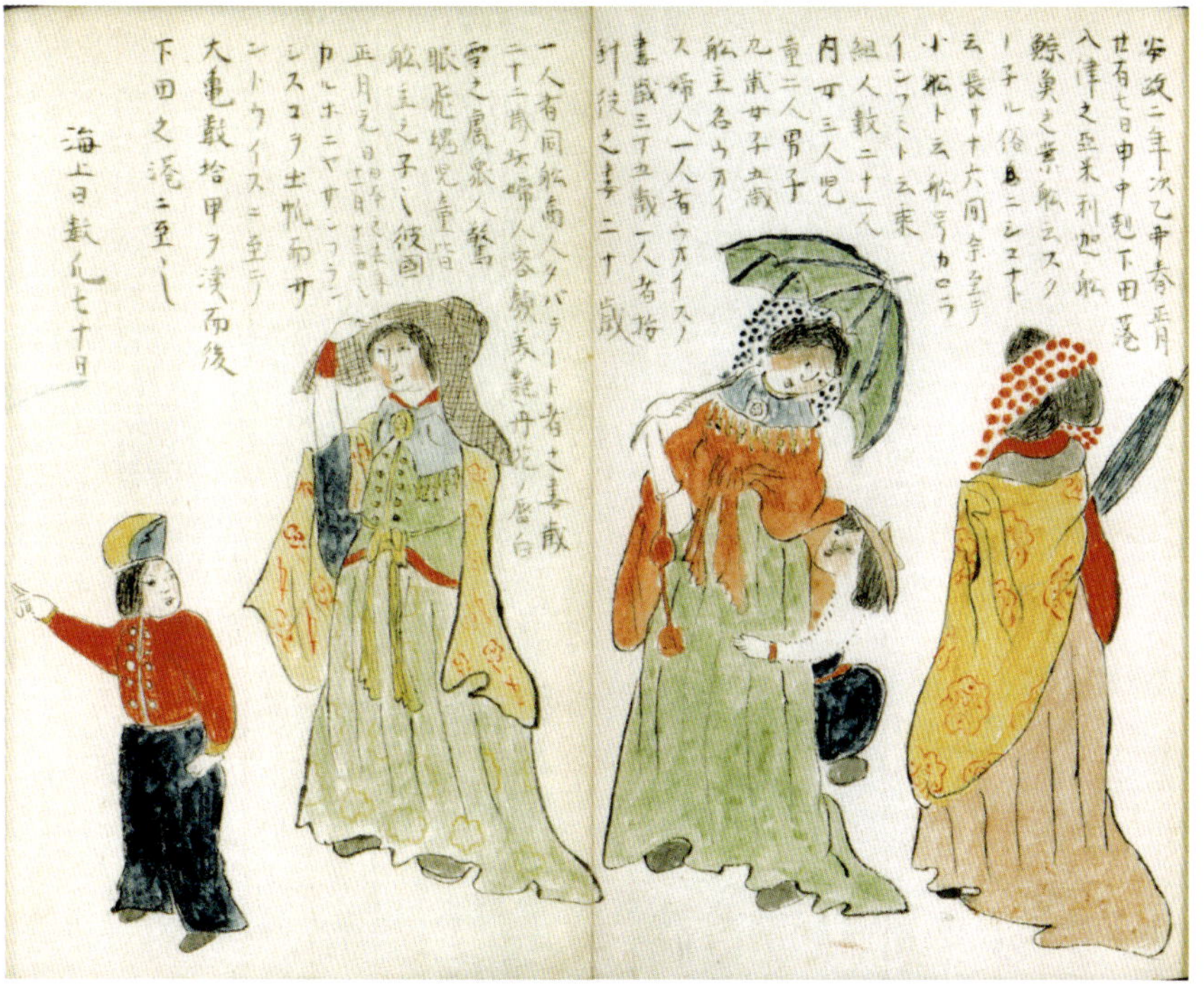

図 1-2 「聞集録」所載のフート号婦人図

図 1-3　「夏南破男志」所載のフート号婦人図

図 1-4　「青窓紀聞」所載のフート号婦人図

図 1-5（1）「旅中日記」中のスケッチ（1）

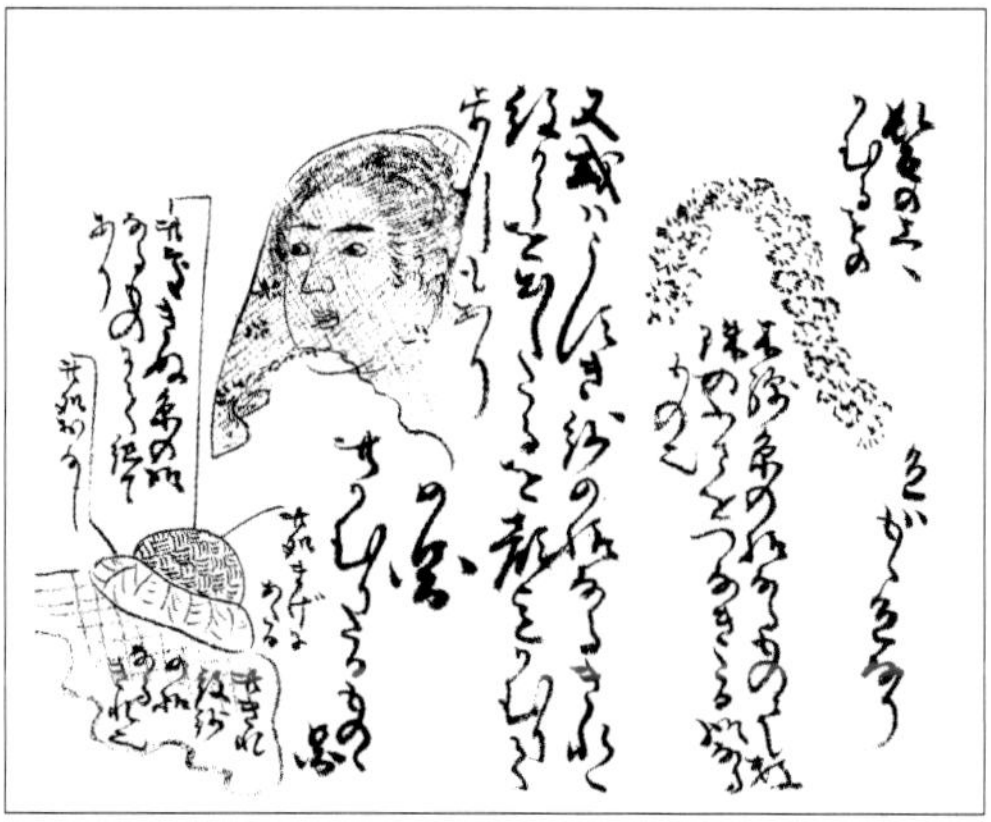

図 1-5（2） 同（2）

図 1-5（3） 同（3）

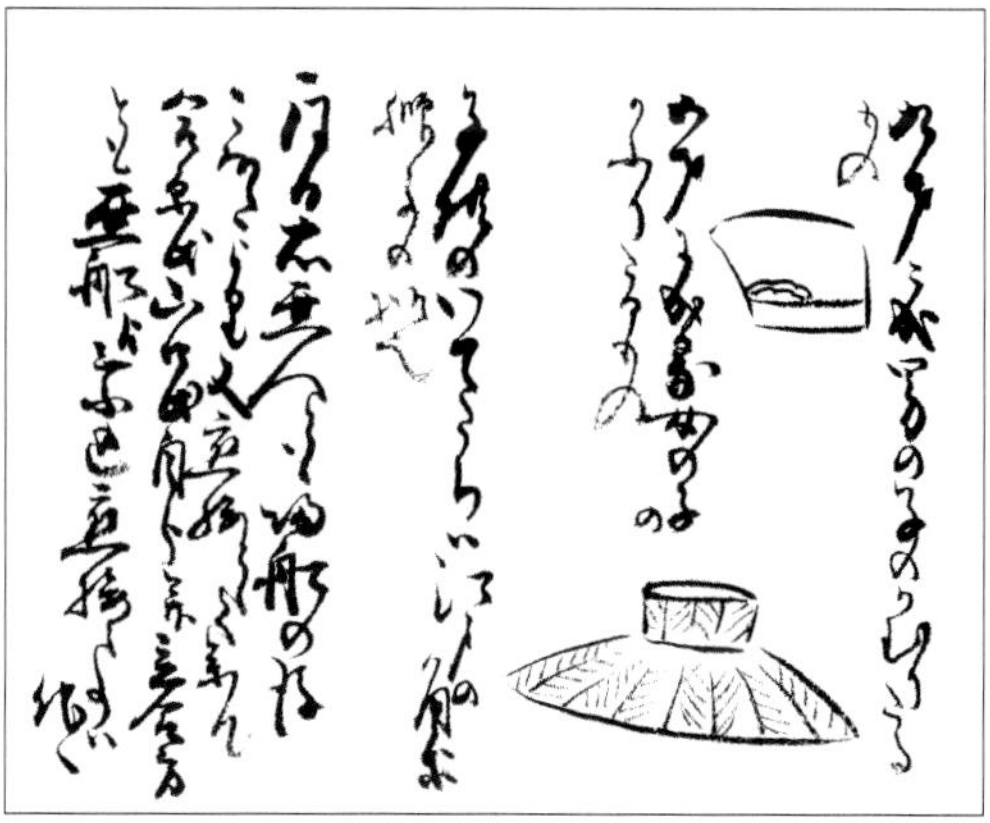

図 1-5（4） 同（4）

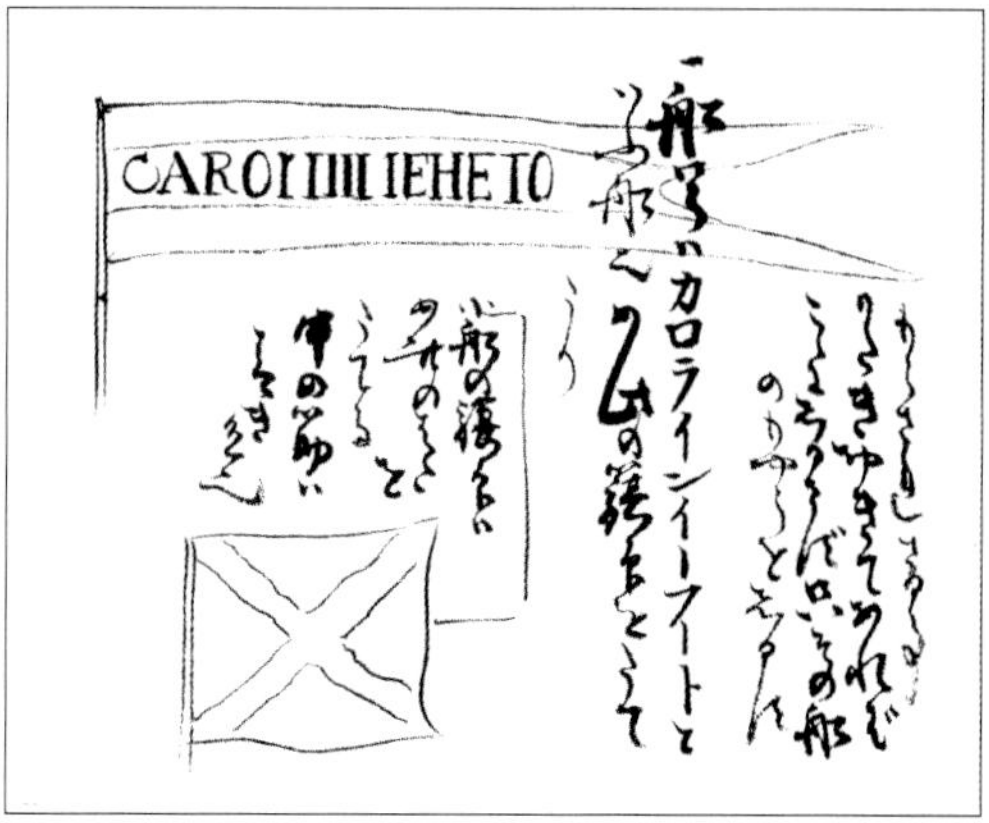

図 1-5（5） 同（5）

図 1-6（1）「フート号絵巻」所載のドーティー夫人

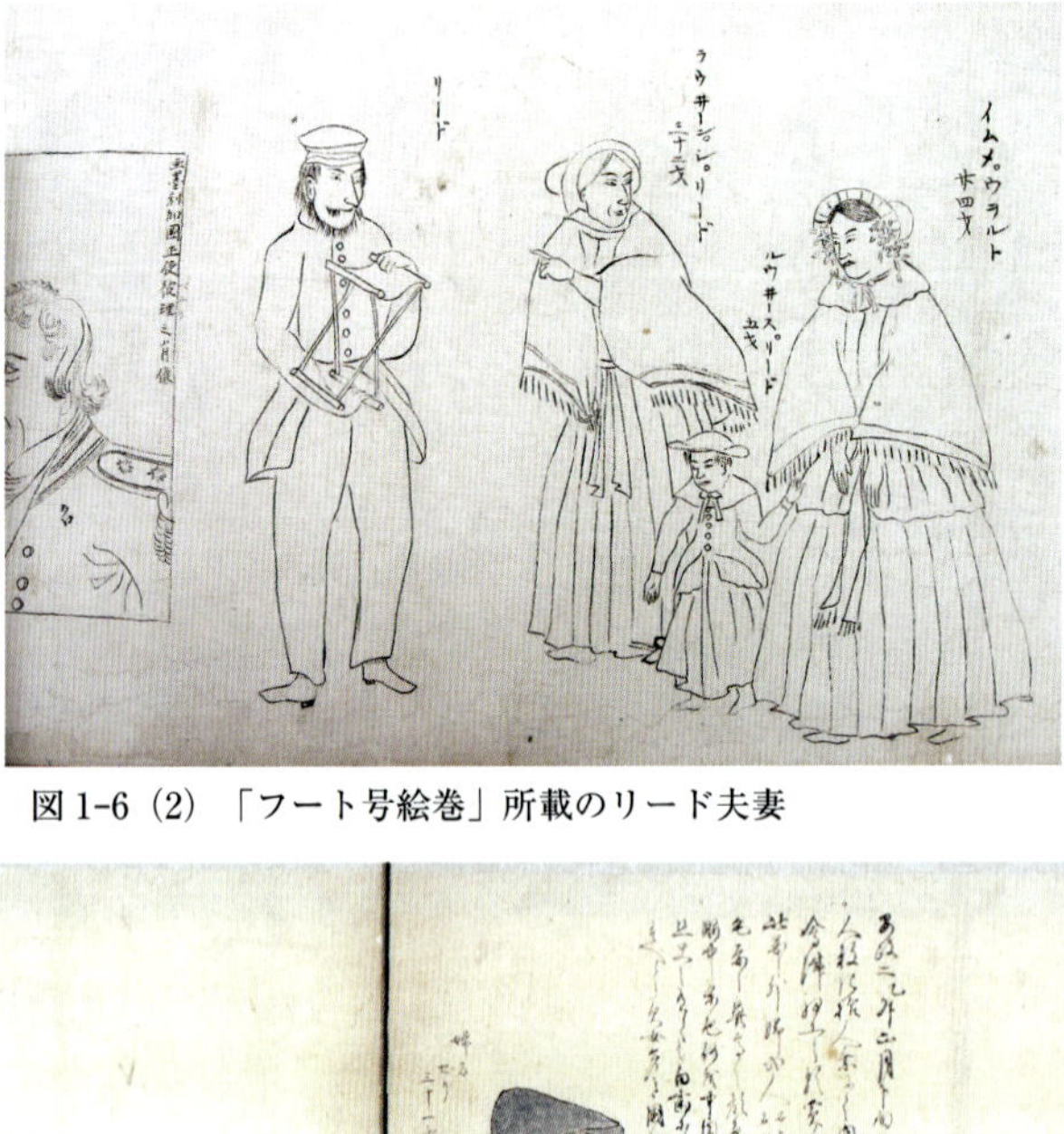

図 1-6（2）「フート号絵巻」所載のリード夫妻

図 1-7 「ペリー渡来絵図貼交屏風」所載のリード夫人と子供たち

凡例

（1）年次の表記は、西暦表記と和暦表記を併用・併記した。なお嘉永七年はその一一月二七日に改元して安政元年となる。また明治五年一二月三日の改暦（＝明治六年一月一日）以前の元号表記の場合、その月日は陰暦に従う。

（2）外国の人名・地名はほぼ原語読みに従うが、引用部分においては原文のママとした。また歴史的用語については、通例を尊重した。

（3）引用文についてはその典拠を示し、基本的にはその原文のママであるが、漢字については、旧字、異体字は常用漢字に改め、助詞については仮名に改めることがある。また便宜のため、筆者により傍点、句読点、振り仮名等を加えることがある。

（4）引用文中の（　）内は原著者の註釈、等であり、［　］内は、筆者による附記ないし註記をしめす。

（5）本稿であつかう「ドル」は基本的には「アメリカ・ドル」であるが、当時東アジア世界に於ける貿易標準通貨であった「メキシコ・ドル（墨銀）」その他いわゆる「洋銀」とほぼ同位・同量と考えてよい。

（6）主要な参考文献は「参考文献一覧」にまとめたが、あわせて、第一章補論末尾の「参考文献」、ならびに第二章の章末に示した「基本史料に関する補註」を見られたい。

はしがき

一八五五年三月一五日（安政二年一月二七日）、終日、輝く富士を目指して進んだスクーナー型のアメリカ商船カロライン・E・フート号が、夕暮れになって下田港に入った。

ペリー艦隊やプチャーチン使節団などの来訪でいろいろな外国人を見慣れてきた下田の人々にとっても、六人の平服の紳士が三人の妙齢の婦人と二人の幼い子供を連れて上陸し、「夫婦手をひきあふてあゆむ」様子は、誠にセンセーショナルであった。彼らは結局二ヶ月半の余にわたって下田に留まり、その後箱館を経て六月二七日（五月一四日）帰国の途に就いた。六人の紳士がホノルルでフート号をチャーターして出帆したのが二月一三日（安政元年一二月二七日）、サンフランシスコに帰着したのが九月一七日（安政二年八月七日）のことであった。

ヨーロッパから大西洋をわたり、北アメリカ東海岸にへばりついた植民地から国を建てたアメリカ人が、やがて西を目指し、ミシシッピを越え、ロッキーを越えて太平洋沿岸にたどり着き、さらには海を越えてハワイからアジアを目指したいわゆる西漸運動（Westward Movement）、その大きな波のなかに、彼らフート号の乗客もあった。

一八三〇年代初頭のアメリカを訪れて、その実態を観察したアレクシス・ド・トクヴィルはいう。ヨーロッパでなら危険な徴候とみなされる「精神的焦燥、並外れた求富の欲望、独立に対する極端な愛着」、これがアメリカ人を西へ駆り立てる「憑かれたような情熱」の源泉であり、この運動がいまやアメリカの良き未来を保障している。そしてこの情熱、この運動の背後を、建国（以前）から引き継がれたアメリカン・デモクラシーの伝統が支えている（『アメリカのデモクラシー』）。

ペリーもハリスもこうしたアメリカ精神の体現者であった。しかしペリー条約の締結を聞くや否や直ちに、友を誘い家族を引き連れて「ジャパン・パイオニア」を目指したフート号乗客たちの商人魂こそ、この時代の西漸運動の市民精神を代表する具体的一例と見做すことができよう。

彼らはどこから来たのか。何を求めて日本を訪れ、何を得たのか。彼らは日本に何を見、日本人は彼らに何を見たのか。

第一章「カロライン・フート号婦人図をめぐる若干の考察」では、フート号日本行の概要を見た後、現在下田開国博物館に所蔵される絵図「豆州下田港入津之亜米利加婦人之図」を出発点とし、当時に残されたいくつかの絵図・巻物類の探索を通して、日本人の眼に映ったフート号乗客の有様と印象を描いてみる。

ペリーによって開かれたばかりの日本に定住し、北海に展開する捕鯨船目当ての船具店を開く一方、珍奇な日本物産の輸出で一儲けをたくらんだフート号乗客は、日本政府の拒否にあって、結局は帰国を余儀なくされた。サンフランシスコに帰着するや直ちに、彼らは、日本政府による自由なアメリカ市民の当然の権利の侵害を、各地の新聞を通じて広く同胞にアピールするとともに、アメリカ政府や司法に訴えて謝罪と賠償を求めた。その主張の要点は大きく分ければ二つであった。その一、ペリー条約がアメリカ市民に保障している（と彼らが信じたところの）居住権侵害の問題、その二、ペリーのドル談判が残した不当な（と彼らが信じたところの）日米貨幣交換率とそれに絡む貨幣問題。

第二章「ロジャーズ司令官の下田と箱館―カロライン・フート号「居留問題」を中心に―」では、たまたま下田と箱館でフート号に遭遇し、日本側とのトラブルに巻き込まれることになったアメリカ海軍・北太平洋測量艦隊の司令官ロジャーズ大尉の行動を通じて、フート号の居留問題の展開を考察する。ロジャーズ司令官は現場で直接フート号と関わったのみならず、その本国への詳細な報告書を通じて（海軍長官を経て）国務長官に日本の現状を伝え、初代総領事ハリス着任にあたって下された訓令に大きな影響を与えたことでも、重要な人物であった。

第三章「下田「欠乏品交易」とその周辺―カロライン・フート号「貨幣問題」を中心に―」では、安政「開国」以前のいわゆる「欠乏品交易」にかかわる通貨・貨幣問題を、フート号乗客の場合に即して考える。この取引は「欠乏会所」における官営交易として行われたために、取引価格や取引物品にかなり日本側の恣意的行為が目立ち、買い手の不満を募らせた。さらに問題となったのは、ペリー艦隊におけるドル談判で合意されたいわゆる「一ドル＝一分替え」という内外貨幣の交換比率であった。一分《ぶ》銀と（その三倍の量目がある）一ドル銀貨とが等値されるということに、外国側はどうしても納得がいかなかった。

こうしたアメリカ市民の居住権の獲得、内外貨幣交換率をふくむ官営交易の是正といった問題、広くいえばペリー艦隊による「日米和親条約」の不備・不足を正し、一歩進んで自由な「通商関係」を確立することが、初代総領事（ならびに外交代表）に任命されたタウンゼント・ハリスに与えられた基本的な使命であった。「下田協約」の締結から「日米修好通商条約」にいたる彼の奮闘努力については、すでに多くの幕末開港史に詳しい。小著でのハリスは、カロライン・フート号乗客が残した問題に彼がどのように対応・対処したかという視点から観察される。

カロライン・フート号が来た！

—ペリーとハリスのはざまで—

◉

目次

凡例　3
はしがき　4

第一章　カロライン・フート号婦人図をめぐる若干の考察　13
はじめに　14
第一部　カロライン・フート号の来日　17
一　黒船来る　17
二　カロライン・フート号出航　21
三　カロライン・フート号の人々　24
四　カロライン・フート号下田入港　26
五　カロライン・フート号カムチャツカへ行く　28
六　カロライン・フート号乗客の下田　31
七　下田における「欠乏品交易」　35
八　フート号箱館へ行き、サンフランシスコに帰る　37
九　フート号と乗客のその後　41

第二部　「下田亜米利加婦人図」をめぐって　43

一　「聞集録」所載のフート号婦人図　43
二　安井重遠「夏南破男志」のフート号婦人図　46
三　水野正信「青窓紀聞」のフート号婦人図　49
四　加藤祐一「旅中日記」の記事とスケッチ　52
五　米国議会図書館所蔵「カロライン・フート号絵巻」　60
六　「ペリー渡来絵図貼交屏風」のフート号婦人図　62
七　川路聖謨「下田日記」のフート号婦人像　65
おわりに　70
第一章補論　エドワード・エジャトンの玉泉寺「銀板写真」とルイーザ・リード　72
第二章　ロジャーズ司令官の下田と箱館
　—カロライン・フート号「居留問題」を中心に—　79
はじめに　80
一　北太平洋派遣合衆国測量遠征隊　82

二　カロライン・フート号の下田　84
三　ロジャーズ司令官の下田　88
四　ロジャーズ司令官の箱館　92
五　ロジャーズ司令官の帰国　99
六　ロジャーズ報告とその波紋　102
七　下田協約とその後　105
おわりに　108

第三章　下田「欠乏品交易」とその周辺
—カロライン・フート号「貨幣問題」を中心に—　115
はじめに　116
一　ペリー来航と「一ドル＝一分替え」の発生　117
二　欠乏品交易と「欠乏会所」　122
三　欠乏品交易の価格と価額　128
四　日本における「銀高・金安」問題　133

五　フート号「輸入関税」問題とその処理　136
六　ハリス着任と「一ドル＝三分替え」の成立　139
七　フート号「未払金」問題とその処理　145
おわりに　149

あとがき　152

附図　154／附表　155
図表一覧　156／参考文献一覧　159／人名索引　162
後記　163

第一章

カロライン・フート号婦人図をめぐる若干の考察

はじめに

ここに一枚の絵がある（図1-1）。現在は下田開国博物館の所蔵品で、タテ一三・五センチ、ヨコ三六・二センチの絵を掛け軸仕立てにしてあるが、その箱書きには「豆州下田港入津之亜米利加婦人之図」とあるから、以下ではこの名前で呼ぶことにする（「下田亜米利加婦人図」と略称）。

何が描かれているのか。絵に添えられた説明に詳しいから、これを活字に書き起こして史料1-1とする。

ここに描かれている三人の婦人と二人の子供は、安政二年一月二七日（一八五五年三月一五日）に下田港に入港したアメリカのスクーナー船、カロライン・E・フート号 *Caroline E. Foote* の乗客であるという(1)。

史料1-1をもとにして（しかし第一部の考察によりその不正確な部分を正して）、仮に人物の同定を試みるとすれば、図の右端の後姿の婦人はフート号の船主ウオイス（正確には船長ウォース Captain Worth）の妻、二人目の女児が纏わりついている婦人は按針役（正確にはフート号をチャーターした商人の代表であるリード W. C. Reed）の妻、そして三人目の婦人は商人タバテール（正確には商人ドーティー H. H. Doty）(2)の妻であった。子供は女児が五才で、左端の男児が九才、彼らは共に（史料1-1がいう船長ウォース夫妻ではなく）リード夫妻の子供であった。ただし三婦人の同定にはなお考えなければならないことが多く、第二部の主要な課題とする。年齢は（史料1-1がウォース夫人とリード夫人を取り違えているとすると）、ウォース夫人が二一才、リード夫人が三五才、ドーティー夫人が二二才となるが、

（史料1―1）

安政二年歳次乙卯
春正月廿有七日申
中刻 豆州下田港入
津之亜米利加船 鯨
漁船スクー子ル俗ニシッナト云
長サ十六間余 至小船也
船号カロライン
イフート 乗組
人数廿一人
内三人ハ女二
人ハ児童
船主ノ名ウオイス
婦人一人ハ船（主）ウオイス妻
歳三十五 一人ハ按針役
ノ妻 歳二十一 一人ハ
同船ノ商人ダバテール
と云者の妻 歳二十二
此婦人容顔美麗
丹花唇白雪膚衆人
驚眼飛魂 児童男子
九歳女子五歳 皆船主ノ子也
彼国ノ正月元日日本ノ去年十一月廿三日 カルホルニア
サンフランシスコ出帆 サントウイスニ至里
又ホ子エイラント（ニ）到 大亀数十ヲ漁シ
而シテ復シテ下田ニ来ルト云

これについても、更にもう少し考えなければならない。

彼女らは翌二八日には下田の町に上陸し、「夫婦手をひきあふて」（加藤祐一「旅中日記」）歩んで、日本人に衝撃を与えた。西洋人女性が日本に上陸したのは、文化一四年（一八一七年）の長崎におけるブロムホフ夫人[3]以来実に半世紀ぶり、それも下田において、三組の夫婦が子供連れで練り歩いたのであるから、役人から町の女子供に至るまで一大センセーションを巻き起こした。なかでもドーティー夫人は、「容顔美麗、丹花ノ唇、白雪ノ膚」で「衆人ノ眼ヲ驚カセ、魂ヲ飛バ」せたことは、史料1-1の通りであった。

彼女らは一体何者であったのか、何故この時期下田に現れたのか、当時の日本人にどのような印象を与えたのか。本章では、この絵を手がかりにして、これらを見ていくことにする。まず、カロライン・フート号の来日の経緯とその行動を少し詳しく見ることからはじめなければならない。

［註］

（1）フート号は、二檣で小型のトップスル・スクーナー topsail schooner であった。一般に二ないし三檣で縦帆式のスクーナー型帆船のことを、当時の日本人は通常「シコナ」（ロシア語なまりの場合は「ヒコナ」）と呼び習わした。史料1-1が「シコナ」か「シツナ」かは判読不明。

（2）後にあらためて見るように、フート号の乗客にはダハティー T. T. Dougherty とドーティー H. H. Doty というやや紛らわしい姓の二人がいたために、当時からこの両人は混同されること多かった。後に触れる「聞集録」を根拠に、多くの書物はこの商人タバテー（ル）をダハティー（ただしドーガーティー等と表記する場合が多い）としているが、正しくはドーティーである。

（3）文化一四年、オランダ商館長として赴任したヤン・コック・ブロムホフ Jan Cock Blomhoff は、夫人（チチア・ベルフスマ Titia Bergsma）と息子、乳母、召使を連れて来日した。しかし幕府の忌避にあって、婦人らは四ヶ月の出島滞在後、強制送還の形でオランダへ帰った。しかし夫人の美しい姿は評判を呼び、絵師（石崎融思、川原慶賀ら）のモデルとなり、長崎土産の人形に写されて広く流布した。

実は、フート号より前、嘉永七年（安政元年）四月二一日（一八五四年五月一八日）に、アメリカの捕鯨船エリザ・F・マソン号 *Eliza F. Mason* が箱館に入り、ジャーネガン船長 Nathaniel M. Jernegan がその妻アビゲイル Abigale V. と息子ホームズ Holms を連れて上陸したが、食料品を積み込んで一晩で退去した。記録的にいえば、アビゲイル・ジャーネガンが、ペリー条約締結後に日本に上陸し、宿泊した最初のアメリカ婦人ということになる（Howard Van Zandt, *Pioneer American Merchants in Japan*, p.18）。

第一部　カロライン・フート号の来日

一　黒船来る

嘉永六年六月三日（一八五三年七月八日）朝、下田沖に出ていた十艘ほどの小舟は、靄の中から現れ、相模湾の奥、江戸方面に向かう四隻の黒船に肝をつぶした。

ペリー提督 Commodore Matthew Calbraith Perry 率いるアメリカ合衆国海軍東インド艦隊は、その夕刻に浦賀沖に投錨し、九日には久里浜に上陸して大統領フィルモア President Millard Fillmore の国書を幕府代表に受領せしめ、一二日には、国書の回答を得るため再度来航することを約して、南に去った。

翌嘉永七年[1]一月一六日（一八五四年二月一三日）、今度は九隻の大編成[2]で神奈川沖に再来したペリー艦隊は、三月三日（同年三月三一日）「日米和親条約」（「神奈川条約」）の締結に成功した。

「日米和親条約」は、「亜墨利加合衆国と帝国日本両国の人民、誠実不朽の親睦」、「両国人民の交親」を旨として「永世不朽の和親」を取り結ぶことを目的とし、具体的には、伊豆・下田と松前・箱館の両港において「亜墨利加船、薪水食料石炭［ほか］欠乏の品を、日本人にて調《ととの》［へ］候丈は給し候為、渡来の儀差免《さしゆる》し候」と定めた。ただしその「開港」は、下田については即時、箱館は翌年三月からとした。

調印を終えたペリーは、本国での批准を得るため、アダムス中佐 Commander Henry Adams に命じてサラトガ号を派遣し、ハワイ、サンフランシスコ、パナマ経由で約定書をワシントンに送り、また別に、マセドニアン号を小笠原に先発させたのち、残りの艦隊を率いて開港予定の両港の視察に当たった。[3]サザンプトン号とサプライ号、ヴァンダリア号とレキシントン号を先発させたペリーは、ミシシッピ号を伴った旗艦ポーハタン号で、三月二一日（四月一八日）夕刻下田港に入り、さらに小笠原から戻ったマセドニアン号が加わって、一時下田には七隻のアメリカ艦隊が終結した。[4]下田におけるペリーのもうひとつの仕事は、和親条約の細目を取り決めることであったが、まずは箱館の視察を行った後のこととして、四月一七日には一旦箱館へ向けて下田を出港した。吉田松陰が密航を企ててミシシッピ号に近づいたのは、この間のことである。

五月一二日（六月七日）、二五日ぶりに再び下田に戻ったペリーは、三百名の将兵を引き連れて了仙寺に入り、幕府全権（林大学頭、井戸対馬守、伊沢美作守、都築駿河守、鵜殿民部少輔、松崎満太郎、竹内清太郎）と下田・箱館開港に関する細目を協議することになった。[5]下田については、来航の商船・捕鯨船のため上陸場を三箇所に定置すること、上陸徘徊の者の休息所は、当分の間、了仙寺、玉泉寺をあてること、また上陸の亜墨利加人は下田港の中央島（犬走島）から七里四方の間は歩行自由であること、などを定めた「和親条約付録」（「下田条約」）を五月二二日に締結し、開港の準備が整った。[6]

ペリー艦隊は遠征の目的をほぼ果たして、嘉永七年六月二日（一八五四年六月二六日）朝、下田港を出港し、琉球を経由して香港に向かい、日本を離れた。

ペリーについで条約交渉のため下田に現れたのは、ロシアから派遣されたプチャーチン提督 Admiral Evfimii V. Putyatin の帆走フリゲート艦ディアナ号 *Diana* であった。

アメリカと競って日本との条約交渉を試みていたプチャーチンは、嘉永六年（一八五三年）夏、パルラダ号 *Pallada* に乗って長崎に来航し、交渉を始めようとしたが、クリミア戦争の勃発により一時極東ロシアに退避。ペリーの条約締結成功を聞いて旗艦をディアナ号に乗り換えて再度日本をめざし、翌嘉永七年秋には大坂に入った。幕府の指示により大坂城代は下田において交渉に応ずる旨をつたえ、ディアナ号は同一〇月一五日（一八五四年一二月四日）下田に入港し、プチャーチンは幕府代表（筒井肥前守、川路左衛門尉）と交渉を行うことになった。

ところが、丁度この交渉の始まったばかりの一一月四日（一二月二三日）、地震による大津波でディアナ号が大破するという事件が起こった。応急措置をほどこした同号は駿河湾に面した戸田《へだ》村で修理することになり、曳航の途中で沈没。しかし日本側の援助で約五〇〇名の乗組員(7)と積荷は救助された。

プチャーチンの要請により幕府は代船の建造を戸田村で行うことになり、韮山代官・江川太郎左衛門を取締とし、多くの船大工が集められてスクーナー型帆船の建造を試みた。完成後「ヘダ号」と名づけられたこの船で、やがてプチャーチンは極東ロシア経由の帰国を果たすことになるが、この小船では収容しきれない乗組員の帰国が大きな問題となる。

さて「ヘダ号」建造の一方で、下田の近傍柿崎村の玉泉寺に陣取ったプチャーチンは「日露和親条約」の交渉を続けた。一二月二一日（一八五五年二月七日）に調印された「日露和親条約」は、基本的には日米条約を継承して来航船舶に対する欠乏品交易を定めたが、開港地に長崎が加わり、また北方国境の設定などが付け加えられた。

この間、八月には長崎において「日英約定」が締結されたが、ここでは開港場から下田が除かれ、また九月のオランダとの約定では（旧来の長崎貿易のほか）新たな開港場に下田と箱館が加えられた。こうして下田は、嘉永七年以降、アメリカ、ロシア、オランダの船舶に対して開かれることになった。

［註］

（1）嘉永七年は一一月二七日に改元して安政元年となる。

（2）このときのペリー艦隊は、汽走フリゲート艦がポーハタン *Powhatan*、サスケハナ *Susquehanna*、ミシシッピ *Mississippi* の三艦、帆走スループ艦がサラトガ *Saratoga*、マセドニアン *Macedonian*、ヴァンダリア *Vandalia* の三隻、帆走補給艦がサザンプトン *Southampton*、レキシントン *Lexington*、サプライ *Supply* の三隻であった。

（3）サスケハナ号は、条約調印直前の三月二四日に、中国任務のために香港に向けて離日している。

（4）これより先、条約交渉中の二月下旬にヴァンダリア号とサザンプトン号の二艦を下田港の調査に派遣し、二月二五日から六日間にわたって港内の測量や給水・物資の状況を調査させ、その結果に満足して日本側の提案する下田開港に同意したという（地方史研究所『伊豆下田』二七八ページ、六八〇ページ）。

（5）幕府はこれを機会に下田奉行を再置することとし、伊沢美作守と都築駿河守をこれに宛てた。また下田取締掛に井戸対馬守、鵜殿民部少輔、ほかを任命し、奉行を補佐せしめた。

（6）また別に、下田港に港務官一名と水先案内三名を置くこと、入出港税、および入港船に供給される薪水供給の細則を定めた「下田港に入港するアメリカ船の水先案内及び供給に関する規則」を退去直前に日本側と協議決定している。

（7）ディアナ号の乗組員については、堀達之助の上申書の五〇一名から、G. A. Lensen の研究による四〇四名まで各説があるが（『伊豆下田』七〇九ページ）、帰国時の乗組員数から逆算すると、総員四八五名（ただし日本での死者二名はのぞく）ということになろう（田保橋潔『増訂近代日本外国関係史』八二四–八二八ページ）。

二　カロライン・フート号出航

ペリーが「日米和親条約」の本国での批准を得るため、アダムス中佐とサラトガ号を派遣して、約定書をハワイ、サンフランシスコ、パナマ経由でワシントンに送ったことは先に触れた。嘉永七年三月七日（一八五四年四月四日）に下田を発ったアダムス中佐は、六月二〇日（七月一二日）にワシントン着。条約は大統領により上院に提出されて満場一致で批准を得た。アダムス中佐は再び日本との間で条約の批准を交換する任務を受け、八月九日（九月三〇日）ニューヨークを発った。帰路はイギリス経由で東廻りのルートを取り、一一月一三日（一八五五年一月一日）香港着。ポーハタン号に送られて一二月九日（一月二六日）下田に着き、批准書の交換を完了する。

このアダムス中佐の往復が、世界中に「日米和親条約」の調印と日本の「開国」を伝播したことは疑いを容れない。特に往路の寄港地では大評判になり、また勃興期にあった新聞によって、ホノルル、サンフランシスコ、ニューヨーク、ワシントンで報じられて、広く関心を集めた。

ペリー艦隊がようやく退去したばかりの嘉永七年六月二四日（一八五四年七月一八日）、一艘の優雅な外洋ヨットが入港して、無骨な軍艦の艦隊を見慣れた下田の人々の眼を驚かせた。同年四月七日（五月三日）にサンフランシスコを出港、ホノルルを経由して江戸湾深く入り、六月一七日に野島沖に投錨、その後浦賀でおよそ一週間を過ごして下田入りしたレディー・ピアース号 *Lady Pierce* であった。

船主のサイラス・バローズ Silas E. Burrows はコネチカット州出身の富豪で、ワシントンでも知られた有力者であったらしい。六〇才になるその彼が、出発準備に七万五千ドルをつぎ込み、息子までも連れて何のために日本へやって来たのか、実は良くわからない。ペリー艦隊の派遣を知っていて、かねて遭難日本人の帰国を援助しがてら日本を訪問する希望を述べていたというから、[1] 条約締結を聞いて、自らを日米親善の民間大使、日米の民間交流の魁《さきがけ》に位置付けたかったのかもしれない。とにかく、浦賀と下田を二週間にわたって騒がせたレディー・ピアース号とバローズ氏の一行は、七月一日（七月二五日）に下田を離れて香港に向かった。少なくともバローズ氏は、ニッポンを訪問した「最初の外国人ツーリスト」として香港で大いに関心を引いたという。

次に下田にやって来た民間船、それが日本に住み込んで商売をしようという商人パイオニアたちを乗せた商船カロライン・フート号であった。大地震とプチャーチン騒ぎの最中、安政二年一月二七日（一八五五年三月一五日）に入港したフート号とその乗客は、自動・他動さまざまな要因によって、日本とアメリカの両国で、多くの事件を引き起こすことになった。

ハワイのホノルルで六人の商人にチャーターされたカロライン・E・フート号は、一八五三年初めにコネチカット州ニューヘブンで建造された、二本マストで一四五トンの小型スクーナーであった。はじめ、コネチカット州フェアヘブンのアンソン・バーンズ Anson H. Barnes の所有で、その妻カロライン・エリザベス・フート Caroline Elizabeth Foote にちなんで命名されたこの船を、同年一二月に買い取って南太平洋の輸送に従事していたのが、アンドリュー・ウォース船長 Captain Andrew J. Worth であった。

船長のほか六人の商人、三人の夫人、二人の子供、そして九人のクルー[2]、合わせて二一人を乗せたフート号は、一八五五年二月一三日（安政元年一二月二七日）ホノルルを出港し、やや南よりのルートをとって、当時 The Bonins（すなわち無人島《ぶにんとう》）と呼ばれた小笠原諸島を目指した。フート号は三月九日（一月二一日）に父島に着き、薪水の補給を行ったのち、三月一三日（一月二五日）には出港した。フート号が下田に着いたとき、「船の中に大亀二三十程貯えて」いて日本人を驚かせたが、「是は無人島之辺ニ而猟いたし」、食料として積み込んだものであろう。[3] また、子供たちのペットであったとおもわれる洋犬一頭と鹿一頭が町で大いに耳目を引いたが、これらも小笠原で得たものであろうという。[4]

三月一五日（一月二七日）、輝く晴天の朝、「青い水平線に立ち上がるまるで雲の柱のような」富士山に迎えられ、終日これに向かって進んだフート号は、夕暮れ、下田港に入った。

［註］

（1）前年一八五三年に、就任直前のピアース大統領 President Franklin Pierce に宛てた手紙の中で、彼は「遭難日本人を返還し、幽閉されている遭難アメリカ人を助けるために江戸に行きたい」という希望を述べており（Van Zandt, *op. cit.*, p.20）、難破してサンフランシスコに滞在していた越後の水主・勇之助《ゆうのすけ》を下田に送り届けている。なおレディー・ピアース号は、日本行きの改装に際して、大統領夫人にちなんで改名されたものという。

（2）フート号の「乗組人数廿一人」というのは加藤祐一「旅中日記」であり、「幕末外国関係文書」なども同様である。一方、Van Zandt は「ウォース船長は約一九人の乗組員を揃えるのに多忙であった。その一人は黒人、他の何人かはアメリカ・インディアンであったらしい」という。これをクルーの数とすると、フート号の乗員・乗客は総数で三一人であったことになるが、日本側の記録が正しいものと思われる。

（3）小笠原の大亀は、ペリー艦隊も多数積み込んで来日し、それを捌く姿がいわゆる「黒船絵図」に数多く見られる。

（4）加藤祐一は「鹿壱匹、犬壱匹飼有之」と記し、川路聖謨は「彼国の犬、二疋居申し候」といい、Van Zandt は「リードの子供たち、ウィリアムとルイーザは……アメリカ生まれの犬を二匹飼って」いて下田で大いに注目を引いたが、これらは多分小笠原で手に入れたものであろうという。鹿というのはやや奇妙であるが、子供のペットとして鹿がいたことは、後に示す図1-7で明らかである。

三　カロライン・フート号の人々

ホノルルにおいてペリー条約の締結のニュースを聞き、日本での商売を企画してカロライン・フート号のチャーターを主導したのは、ウィリアム・リード William C. Reed とトーマス・ダハティー Thomas T. Dougherty であった。

二人は共にフィラデルフィアの出身で、旧知であったらしい。ホノルルの合衆国領事館で職を得ていたダハティーが、サンフランシスコで商売をしていたリードに職を世話し、リードは一八五四年九月二日（嘉永七年閏七月一〇日）にホノルルに着いたばかりであった。しかし彼らが後日ある新聞に寄稿したところでは、「日本との条約が公表されるとすぐに、われわれは、商品を運んで箱館 Hakodadi で商売をする手配を始めた。その目的は、次のシーズンまでその地で越冬しようというアメリカの捕鯨船に、日本人が持たない備品を供給することであった」という。彼らは二人でパートナーシップを組み、日本で商売を始めるつもりであった。[1]

ペリー条約の締結のニュースがアダムス中佐を通じてホノルルに伝えられたのが一八五四年五月一日、ホノルルの新聞ザ・ポリネシアンズ紙が批准のため条約文が上院に送られたことを伝え、条約文の写しを掲載したのが九月九日であった。

リードとダハティーは、日本行きの船をチャーターするにあたって、同乗者を求めたものと思われる。これに応えて、四人の紳士が一行に加わった。

一人目は、ヘンリー・ドーティー Henry H. Doty であった。ピルグリム・ファーザーの子孫としてニューヨーク州に生まれた彼は、この年三一才、「冒険心に富んで早くに家を離れ、ビジネスに従事して国中を旅行し、カリフォルニア開拓期に同地に進出した。」彼もまた、ホノルルで仕事をするつもりで一八五四年一〇月一四日（嘉永七年八月二七日）にやって来たのだが、到着早々にペリー条約の締結を聞き、箱館でビジネスを始めるつもりになったらしい。彼が二二才の美人の妻を同行したことは先に述べた。

二人目はエドワード・エジャトン Edward A. Edgerton であった。マサチューセッツ州出身の弁護士で、この年二九才。一八五四年一一月にサンフランシスコからホノルルに着いた。第三の男はホレース・ピーボディー Horace W. Peabody。上級船員であったと思われるが、ハワイの入国記録には記載がない。最後の乗客はウィリアム・ビドルマン William E. Bideman であり、一八五五年一月二二日（安政元年一二月五日）にやはりサンフランシスコからホノルルに着いた。この三人が日本に何を期待して乗船したのかは、知られていない(2)。

ウィリアム・リードが妻ラヴィーン・リード Lavine Reed（三五才）、長男ウィリアム William M. Reed（九才）、長女ルイーザ Louisa Reed（五才）を同行したこと、ウォース船長が妻（二一才）を同行したことも先に触れた。

六人の紳士、三人の婦人、二人の子供を乗せたカロライン・E・フート号は、一八五五年三月一五日すなわち安政二年一月二七日、未だ正月気分の抜けきらない下田に入った。

［註］

（1）また、ダハティーは箱館領事の職を得ようとして工作した形跡があり、下田で会ったロシア人にそのように名乗ったともいうが、これはその後も成功していない。

（2）エドワード・エジャトンについては、第一章補論を見よ。

四　カロライン・フート号下田入港

カロライン・フート号が本来の目的地である箱館へ直接向わずに、なぜ下田に立寄ったのかはよく分らない。条約締結から一年後という箱館の開港日まで未だ若干の時間があったから、その前に下田を下見しておこうという意図があったのかもしれない。(1) しかしプチャーチンとディアナ号乗員の帰国問題という難問の真只中に下田に入港したことで、フート号もその乗客も、思わぬ事態に振り回されることになる。

フート号の乗客は、検査に訪れた奉行所の役人が立ち去る間もなく、あわただしく小船で駆けつけたロシア人海軍士官に驚かされた。プチャーチンの副官コンスタンチン・ポシェート大佐 Captain Konstantine Pos'et であった。この時、プチャーチン艦隊乗員のほとんどは戸田にあったが、傭船可能な船舶が下田に入った時に戸田に急報するために、ポシェートらが数人の水兵と共に玉泉寺に留められていたのである。(2) フート号が敵国イギリス、フランスの軍艦でなく、アメリカの商船であることを確認したポシェートは、すぐ戸田のプチャーチンに来訪を要請すると同時に、リード達に窮状を訴え、協力を求めた。

プチャーチンは三月一九日（二月二日）には下田に現れ、直ちに傭船主であるリード、ダハティーとの間で難破船員をシベリア・ロシア領に運ぶチャーター契約の交渉に入った。リードとダハティーはウォース船長と交渉し、下田から戸田、そしてカムチャツカの海港ペトロパヴロフスク Petropavlovsk への三回の輸送に（これまでのチャーター契約とは別に）合計三千ドル（一回目二千ドル、二回目、三回目各五百ドル）のボーナスを支払うことで合意した。[3] 問題は、この航海のあいだ、一般乗客（すなわち男子六名、女子三名、子供二人）をどこに滞在させ、彼らの船荷をどこで保管するかであった。米露側はこれを玉泉寺に滞在させることを条約上も当然と主張し、日本側は「休息」と「止宿」は違うとしてこれを拒否した。交渉にはプチャーチンが先に立ち、ロシア水兵の早期立ち退きを材料に押し問答が続いた。結局日本側は、この場合の例外措置として、フート号が下田へ帰帆し次第退去するということで、乗客およびその家族の玉泉寺に滞在させることを黙認する形になった。[4] フート号には、傭船主を代表してダハティーが乗り、一〇人の船員で操船して、三月二六日（二月九日）（下田に留まっていたロシア人一八名を乗せて）下田を出港し、戸田に向った。

下田残留のロシア人は福泉寺に移り、ダハティーを除くフート号の乗客一〇人（リード夫妻と子供二人、ドーティー夫妻、ビドルマン、ピーボディー、エジャトン、そしてウォース船長夫人）は玉泉寺に入った。

プチャーチン艦隊の帰国第一陣となったレソフスキー艦長 Lieut. Commander Stepan Lesovskii ら士官九名と下士官兵一五〇名を乗せたフート号は、四月一一日（二月二五日）戸田を出港して、まず箱館に向った。

［註］
（1）フート号はホノルル出港に際して、下田で邂逅できるはずの東インド艦隊の二艦ポーハタン号ならびにヴァンダリア号宛

の郵便物を託されており、奉行所に対してはこれを下田入港の理由に挙げている。しかし二艦とは一足違いで出会えなかった。

（2）これに先立ち、条約の議会承認を得るためワシントンとの間を往復したアダムス中佐とポーハタン号が一八五五年一月二六日（安政元年一二月九日）に下田に入港し、プチャーチン一行の窮状に様々な助力を行ったが、日本側との批准書交換という任務を終えて、二月二一日に出港するに当たって、帰路上海において適当な傭船が見つかるようなら、日本への回船を勧めることを約束して去った。ポシェートたちは具体的にはこの船を待っていたらしい。事実、アダムス中佐の示唆により、アメリカ商船ヤング・アメリカ号が上海から下田に来航したことは後述する。

（3）ロシア側との契約は、別にリード、ダハティーとプチャーチンの間で結ばれたはずである。後にリードが語るところによると、「私は傭船料をペトロパヴロフスクで受取るはずであった。ところが不幸なことに、進行中の戦争のために、同地には政府機関が無く、住民もいなかった。私は全額でおよそ三〇、〇〇〇ドルの約束手形を受取った」という（Van Zandt, *op. cit.* p.191）。しかしこの三万ドルが当初の契約の三回の航海の前渡し金であったとすれば、一回の航海で後を放棄したリード達に実際にいくら支払われたかは明確でない。やはり後に、リードとダハティーがグレタ号のリュードルフ（後出）に語ったところでは、「全ロシア人をカムチャツカに輸送するのに一一、〇〇〇ドルで合意し、そのうち六、〇〇〇ドルは前金で受取ったが、残金はあと二回の航海で契約を完遂した時に支払われる」といっている（Van Zandt, *op. cit.* pp.216-217）。

（4）乗客と船荷の上陸は、プチャーチンと奉行所の交渉の途中で強引に行われ、幕府の了解を得ずにフート号の出港が強行されたという説もあるが、乗客の宿舎に宛てられた玉泉寺がそのため丁寧に改装され、船荷は別に福泉寺に収納されたというから、奉行所側の暗黙の了解があったとみるのが適当であろう。

五　カロライン・フート号カムチャツカへ行く

フート号は四月二〇日（三月四日）夕刻、箱館に入った。ひとまず箱館においてカムチャツカ方面におけるイギリス、フランス艦隊の動向を探ること、またもしやロシア極東政府から箱館まで出迎えの船が手配される可能性がないかを探ろうとしたものであろう。しかし結局、サハリンを越えてカムチャツカの東岸の港ペトロパヴロフスクへ直行することになり、四月二三日に出港し、オホーツク海を北行して五月四日（三月一八日）同地に着いた。

ところが、ペトロパヴロフスクに居るはずのロシアの守備隊も町の住民も（多分イギリス、フランス艦隊の襲撃を恐れて）既に避難し、数隻のアメリカ船が停泊するのみであった。結局ディアナ号のロシア人は、停泊中のアメリカ船ウィリアム・ペン号 *William Penn* と新たに契約し、サハリン島の対岸、シベリア本土にある港カストロ Castro（デ・カストリ De Kastri）に運んでもらうことにして、フート号との契約は終わった。

プチャーチンとの当初の契約の時から、場合によってはペトロパヴロフスクからカストロまで延伸することがあれば、一、〇〇〇ドルを追加して支払うという条項があったようであるから、この時なぜフート号が契約を延長しなかったのか分らない。また（すこし先取りして言えば）当初は三回の航海の予定を一回で打ち切ってしまったのかも分らない。クリミヤ戦争の影響が極東にも及び、英仏海軍の監視巡回が厳しくなって、敵国ロシア人を乗せた船舶は拿捕される危険が大きくなり、フート号の船員の一部もこれを理由にストライキを試みたというから、ダハティーもウォース船長も一回で懲りたのかもしれない。

フート号は五月七日（三月二一日）にペトロパヴロフスクを出て、五月二七日（四月一二日）にようやく下田に帰りついた。

さてここで、戸田に残されたディアナ号のロシア人のその後を、すこし先取りして簡単に整理しておこう。[1]

ディアナ号の代船として戸田村においてスクーナー型の帆船が建造中のことは先に述べた。しかし全長二四メートル余、排水量一〇〇トンに満たないこの船「ヘダ号」で運べる乗員が限られていることははじめから分っていたから、良い傭船の機会を狙っていたのは、フート号出港後も同じであった。

四月一三日（二月二七日）、アメリカのクリッパー型の大型帆船ヤング・アメリカ号 *Young America*（一、九六一トン）が下田に入ったことは、願っても無いチャンスであった。新造・高速で、サンフランシスコ―上海交易に就航した同船は、上海で条約批准書の交換を終えて帰路にあったアダムス中佐とポーハタン号に出会い、ロシア人が傭船を求めていることを知って、下田に回航してきたのである。ほぼロシア人全員を一八、〇〇〇ドルという高額のチャーター料で運ぶ契約ができ、ロシア人が既に乗り込んでから、イギリス人を含む船員がこの航海を拒否して全てがキャンセルされ、四月二四日（三月八日）、同船は日本を離れた。

ロシア人の第二陣を乗せたヘダ号が出港したのは、五月八日（三月二二日）であった。プチャーチン、ポシエートら首脳が乗り込んだが、その容量と安全性から、これに乗れたのは四八名に止まった。同号はオホーツク海の奥地の港アヤン Ayan に直行したが、同地が放棄されていたので、やや南下し、アムール河口のニコラエフスク Nikolayevsk に上陸した。一行はアムール河を遡ってシルカ河との合流点に至ってロシア軍哨所に達し、そこからペテルブルグに帰還を果たした。

第三陣二七八名は、結局、ブレーメンの商船グレタ号 *Greta* を傭船して七月十四日（六月一日）に戸田を出港したが、彼らの帰還もまた苦難に曝された。[2] 同号はヘダ号と同じくアヤンに向い、八月一日

（六月一九日）に到着したが、同地は当時イギリス艦隊により封鎖中であり、グレタ号はイギリスの汽走軍艦バラクータ号 *Barracouta* により拿捕された。艦隊司令官はロシア兵をグレタ号および軍艦に分譲させ、箱館経由で香港に送った。結局、グレタ号の船体はイギリスに没収されたが、ロシア兵は俘虜ではなく海難者として扱われ、英国船により喜望峰回りでヨーロッパへ護送・釈放されたという(3)。

〔註〕

（1）以下、『ゴンチャローフ日本航海記』六二八ページ。田保橋潔、前掲書、八二四–八二八ページ。

（2）ブリグ型の二檣帆船グレタ号と船長ゲオルゲ・タウロフ George Thaulow ならびにその「上乗り《うわのり》」を勤めたフルードリッヒ・リュードルフ Fr. A. Lühdorf の物語については、『グレタ号日本通商記』に詳しい。フート号がそのカムチャツカ行きの間、乗客を柿崎・玉泉寺に残したように、グレタ号のシベリア行きの間、リュードルフも玉泉寺に滞留したが、グレタ号の拿捕という思わぬ事態のために、一八五五年七月四日（安政二年五月二一日）から翌五六年一月二日（安政二年一一月二五日）まで、実に半年に渉って下田に留まることになった。

（3）ただし一部の非戦闘員はアヤンで釈放され、シベリア経由でペテルブルグに帰還した。ワシリー・マホフ「フレガート・ディアーナ号航海記」（『ゴンチャローフ日本渡航記』附録）。

六　カロライン・フート号乗客の下田

フート号がペリー条約締結の後、何故あれほど早急に日本にやってきたのか。そのひとつの事情は、フート号の傭船主、特にリードとダハティーの条約解釈上の思い込み、ないし誤解にあったといわなければならない。

問題の焦点は、条約第五条の「当分の逗留」すなわち temporary living あるいは temporary residence にあった。日本側の意図は、その主語である「合衆国の漂民、其他の者共」のうちの前者に力点があった。すなわち「日本海浜漂着」のもの shipwrecked men はこれを保護し、日本を通過する船舶に「欠乏の品」がある場合にはこれを供給し、懇ろに取扱うというものであった。これに対してフート号側は、後者すなわち other citizens of the United States に力点をおいた。また条約中の第六条では「必用の品物、其外相叶う事は双方談判の上、取り極め候事」とし、第七条では「金銀銭並びに品物を以て入用の品相調へ候を差免し候」と定めて、商品取引の可能性を示唆していた。その結果、「当分の逗留」について、日本側は主に漂民の「応急避難的滞留」を考え、フート号側は、商人を含む一般市民の「日常的滞在」を当然含むものと解釈した。

ロシア兵の帰国という緊急事態に対応するため、フート号乗客一〇名の上陸・滞在を黙認したものの、幕府側としては、これはあくまで緊急措置であって、一日も早い退去を目指した。

遊歩地域の制限、監視人の配置を除けば、改装された玉泉寺に住むフート号乗客に、衣食住の不自由はなかった模様である。役人の眼がなければ、町民・庶民も、大概は好奇心旺盛な快活な人々であった。日本人の眼に映った婦人・子供については後に語ろう。男たちの日常は、まず、毎日やって来る役人への対応であった。

彼らを悩ませたのは、奉行所の役人が毎日やってきて、彼らが何を目的に日本に来たのか、何時日本を立ち去るのかを執拗に尋ねることであった。また「フート号が予定通り戻らない時は、次に入港したアメリカ船で直ちに出立すること、現在の滞在は前例と見做されず、彼らのいう滞在は下田でも箱館でも認められないこと」などが、奉行の布告と称して寺門に掲示された。リードをリーダーとする彼らもまた負けずに、「自由なアメリカ市民」として条約の保障する権利（と彼らが解釈するところ）を執拗に主張した。

とりあえず彼らの保護者を演じたプチャーチンが三月二二日（五月八日）に立ち去ったあと、心細い思いで過ごしたリードたちを喜ばせたのは、三月二七日（五月一三日）、ロジャーズ大尉 Lieutenant John R. Rodgers を司令官とするアメリカ海軍の北太平洋測量遠征隊の二隻の船が下田に入港したことであった[1]。

ロジャーズ司令官は、リード達の懇願を受けて下田奉行に書簡を送り、国際条約と国際法について日本人を啓蒙するとともに、フート号乗客の滞在を援助しようとした。彼はまた、これら関係書類のコピーと共に詳しい報告書を海軍省に送り、またリードから託された国務長官宛の請願書を仲介した。これらによりフート号事件はワシントンの知るところとなり、東部社会に波紋を生んだ。

ロジャーズ司令官は、個人的にはフート号乗客に好意的で、四月一三日、下田を出て箱館へ行くにあたって、箱館奉行宛のリードとダハティーの請願書簡を届け、また箱館で再会した時にも、フート号側と奉行側の仲介に力を尽くした。しかし日本側の態度は強硬で、箱館奉行の返答は、「条約に使用した一時的という言葉は短時日―すなわち五日乃至一〇日、精々二、三ヶ月―を意味する」と主張し、「彼《か》の右の解釈に同意せんとせざる限り、一夜と雖も陸上に宿ることの許可を」認めないとするものであった。ロジャーズも、結局、この問題は両国政府の解釈と合意に関わることであり、「もし合衆国政府が、条約が破られ、貴下達に損害が与へられたりと裁断する場合には、貴下達のために適当なる賠償を要求するならんと信ず。もし政府が、日本人の方《ほう》正しと裁断せんか、貴下等の当地に来たるは軽率なることとならん」と忠告するに止まった。

少し先回りして言えば、フート号の乗客達は箱館でも「滞在」を認められず、失意のうちに日本を離れることになるが、サンフランシスコに戻るやいなや、リードらは同地の新聞各紙に次々と手記を送り、日本側の条約不履行を非難するキャンペーンを行った。一八五五年の九月から一〇月（安政二年の八月から九月）に掛けて「アルタ・カリフォルニアン」紙や「ニューヨーク・タイムズ」紙等々に掲載された記事や評論によって、フート号事件はアメリカ中の知るところとなった(2)。

リードらは、その後も自分たちの条約解釈の正当性を主張するとともに、アメリカ政府による賠償を要求して繰り返し訴訟を起こしたが、ハリスによる「日米修好通商条約」の締結によってこの事件も風化し、政府も世論もこれを忘れさることになった。しかし、彼らの日本行が全くの損害に終わったのかどうか、これにはかなり疑問が残る。これについては次の項で考えたい。

［註］

（1）The United States Surveying Expedition to the North Pacific Ocean のヴィンセンス号 *Vincennes* とジョン・ハンコック号 *John Hancock* を指している。詳しくは第二章、参照。

（2）折柄、「ペリー遠征隊」の公式報告書を準備中であったペリーをはじめ関係者も、この事件に無関心では居られなかった。『ペルリ提督日本遠征記』はその第二〇章「神奈川条約締結」の末尾に「附記」をつけて、フート号事件の経緯を記している。またグレタ号の「上乗り」リュードルフも、下田幽居中に、（後述する経緯で）再来したドーティーから最新の新聞各紙を得て、この間の事情を研究し、彼の手記『グレタ号日本通商記』の附録で、アメリカ人の行動について批判的検討を加えているが、詳しくは第二章で触れる。

七　下田における「欠乏品交易」

ダハティーとパートナーシップを組むリードも、またドーティーも、箱館におけるビジネス開業にまだ望みをつないで日本側と交渉していたが、一方で、この機会を利用して、日本物産のアメリカ輸入を試みようとしていた。

入港船舶に対する「欠乏品」供給の条約規定が若干あいまいなものであることについては、すでに述べた。下田取締掛の幕府への伺書における「相渡不申品（禁制品）」と「相渡候品（交易品）」のリストでも、とても「欠乏品」とは思えない多彩な交易許可品が挙げられている（『伊豆下田』二八二ページ）。ただし条約にも明記されたように、「欠乏品交易」は基本的に政府管理の下で行うこととされ、日本政府もその準備を急いだ。すなわち外国人からは Bazaar と呼ばれた「欠乏所」あるいは「欠乏会所」の設営である。

「欠乏会所」においては御用の日本商人に貸し出すブースが設けられ、商品が展示される。買物にきた外国人はドルで価格が付けられたサンプルで商品を選んで注文すると、役人の事務室に行ってその買入額をドルで支払う(1)。しばらくすると梱包された商品が運ばれてきて取引は終わる。商人は役人から売掛代金の証明書を下付される。役人が受取ったドルは江戸に送られて一分銀に鋳直されて下田に戻り、さきの証明書に応じて商人に支払われる。

この欠乏会所は、はじめペリー艦隊の下田入港の時に仮に設置されたが、安政元年一二月（一八五五年一月）に批准書交換のためにアダムス中佐の率いるポーハタン号が入港した時に再開され、さらにアメリカ測量遠征隊の二隻の軍艦が来るなど外国船の入港が相次ぐようになって、常置化された。フート号の帰還も近くなって、リード達も日本の工芸品や骨董品の買込みに精を出すことになった。リード（とダハティー）は、下田に滞在した二ヶ月半の間に、一二五ケース、約七、四〇〇ドルの商品を買ったという。それらは、サンフランシスコですぐに売れると見込んだ、陶器、漆器、木工キャビネット、絹、クレープ、屛風、玩具、などなどであった（Van Zandt, *op. cit.* pp.197-198）。彼はこの対価を、（後に述べる）約束手形二、四九〇ドルのほか、銀貨（メキシコ・ドル、アメリカ・ドル）と金貨で支払った、という。(2)

少し先取りして言えば、これら日本からのはじめての輸入品は、サンフランシスコでよく売れた。リードとダハティーが共同で買い入れた日本産品は、新聞広告および記事で大いに宣伝した後、展示とオークションを開いて売りさばかれた。フート号入港に間を置かず、およそ一週間にわたって行われたこの展示と売立ては、サンフランシスコ人の好奇心を大いに刺激した。「もう日本に行きましたか？」という会話がしばらくは市民の日常の挨拶になったという。その結果、このオークションによるフート号の船荷の売上げは二三、〇〇〇ドルに上ったというから、そのコストが六、七千ドルであったとして、リード達は（いろいろな艱難辛苦は別にして）この「欠乏品交易」によって「まったくすばらしい仕事」をしたことになる。(3)

［註］

（1）　通貨の交換率については、ペリー艦隊の乗組員が購買を行うようになってこれを定める必要ができ、外国通貨としては（当時東アジアの国際通貨であった）メキシコ・ドル（メキシコ銀、墨銀）を基準とし、その一枚は銅銭一、六〇〇文にあたるとされ、結局これがハリス条約までの基準となった。この結果、メキシコ銀一ドルは日本の一分銀一枚に相当することになったが、銀貨として比較した場合、メキシコ銀は一分銀の凡そ三倍の量目あったため、外国人としては、メキシコ銀の価値が三分の一に切り下げられた（あるいは日本の物価が故意に三倍に引上げられた）として不当を鳴らした。またメキシコ銀一枚が一分銀三枚に鋳直されたことから、政府がそれにより不当利得を得ていると非難した。なお、当時のアメリカ・ドルはメキシコ銀とほぼ同位同量と見做してよい。第三章参照。

（2）　フート号の帰還を伝える一八五五年九月一八日付けのサンフランシスコ紙は、「フート号が一二五ケースの日本物産、三五〇袋の米、一一一、〇〇〇個のオレンジとレモン、六〇巻きのマニラ・ロープ、四個の錨と鎖、一一三パックの商品をもたらした」と報じた（Van Zandt, *op. cit.*, p.273）。このうち米は箱館で、オレンジとレモンはグアムで買い込んだものであり、最後の三点は売れずに持ち帰った船荷であった。

実は、七、四〇〇ドルの購入品の対価をリードが実際にどのように支払ったのかは詳らかにしない。この点については、第三章で改めて検討する。また彼が残した約束手形についても、一、四九〇ドルの一枚のほかに、もう一枚一、〇〇〇ドル、合計二、四九〇ドルの手形を未払いで残しており、この決済が後に問題になる経緯についても第三章第三節、第七節で詳述する。

（3）　一八五五年一二月二日（安政二年一〇月二三日）ページ号 *Page* に乗って再び来日したドーティーと下田で会ったリュードルフは、「カロライン・フート号が、日本から積んで行った荷物がサンフランシスコで二万七千ドルで売れた（原価は六千ドル）ことも知った。──まったくすばらしい仕事である。」と記録している（『グレタ号日本通商記』二三四ページ）。

八　フート号箱館へ行き、サンフランシスコに帰る

安政二年四月一二日（一八五五年五月二七日）にシベリアから下田に帰り着いたフート号は、一四日には下田に残っていたロシア人を乗せて残務整理のために戸田へ赴き、一六日には下田に戻って、いよいよ箱館へ行くことになった。

四月二一日（六月五日）、乗客全員と預けていた積荷を引き取ったフート号は、下田を出て、五月一日（六月一四日）に箱館に着いた。箱館にはすでに何隻かの外国船が入っていた。ロジャーズ司令官が指揮するアメリカ海軍の北太平洋測量遠征隊も箱館に集結しており、ロジャーズは再び、フート号乗客のために、箱館奉行との交渉に尽力した。フート号がこの時、（香港において）測量遠征隊の資財運搬に傭船され、アメリカ国旗を掲げて入港していたブレーメン船籍の商船グレタ号と出会ったことが、グレタ号とその「上乗り」フリードリッヒ・リュードルフのその後の運命を大きく変えることになった。(1)

捕鯨船をはじめ多くの外国船が入港し、船長は「欠乏品」を補充し、乗組員は「休息」のために上陸していたが、長期的に「滞在」し、自活しようとするフート号乗客に対し、これを拒否する箱館奉行の強硬な態度は変らなかった。箱館でのビジネスを企図したリードとダハティー、ドーティーの上陸は断固拒否された。エジャトン、ピーボディー、ビドルマンは、フート号を退船し、中国（上海）行きの適当な便が見つかるまで箱館に留まることを訴えたが、これまた認められなかった。

五月一四日（六月二七日）、フート号はホノルルから行を共にした一一人の乗客（とロジャーズから押し付けられた「招かれざる客」三人(2)）を乗せて、空しく箱館を出た。(3)

最終目的地がサンフランシスコであるフート号が、なぜ大きく南へ寄り道してグアムに立寄ることにしたのかは、判然としない。箱館で入手できなかった肉類を補給し、捌きそこなった船舶商品のストックを、捕鯨船の主要な補給ポイントであったグアムでなら処分できると考えたのかもしれない。グアムには六月二日（七月一五日）に着き、六月一九日（八月一日）にサンフランシスコへ向けて出港した。乗客のひとり、エドワード・エジャトンが、「グアムでの楽しい熱帯生活のすばらしい前途に魅せられて」ここで下船した。「招かれざる客」三人もまたここで船を下りた。

カロライン・E・フート号は、一八五五年九月一七日（安政二年八月七日）午後、サンフランシスコ港へ入った。リードとダハティー、そしてドーティーは、それぞれ、サンフランシスコの各新聞紙に宛てて長文の手紙を用意し、これらは到着の翌日にはスクープ記事として掲載された。これらの記事は、民間人として日本の実情と印象を民間人の眼からアメリカに伝える最初の情報として注目されたが、リード等はこれを機会に「日本において彼らに加えられた抑圧」を訴え、こうした不当行為に対してアメリカ政府の取るべき武力的対応を提案して、センセーションを巻き起こしたことはすでに述べた。この問題が長々と尾を引き、やがて当事者の憤激をよそに立ち消えていったこともまた述べた。

サンフランシスコに入港して、日本からはじめて直輸入《じきゆにゆう》した物産の陸揚げにあたっては、のちのちトラブルの種を残す二つの問題があった。

そのひとつは、支払われるべき輸入税額の問題であった。リードとダハティー（の代理人）は、これらの物産の買入れには日本の「一分銀」が宛てられた、この「一分銀」はその品位量目から一ドルの凡そ三分の一、すなわち三六セントにしか当たらないと主張し、それを基準とした輸入税は八二五ドルであると申告した。これに対して税関職員は、輸入税申告はドルをもってするべきであり一分銀一枚は一ドルに換算されるとして、二、二六三ドルを要求した。リード等はこのような巨額は間違いだと強く抗議したが、一方、オークションでこのもの珍しい物品を一日も早く売り出したい希望に負けて、とりあえず税関側の主張を受け入れ、これを支払った。しかしこれを不当とする抗議は保留し、のちのちまで、日本における不当待遇に対する補償問題と共に、永く政府と争うことになった。(4)

その二つ目は、リードとダハティーが買い入れた物産の対価の一部として日本に残した、約束手形二、四九〇ドルの問題であった。この手形は、一八五五年五月三〇日付けで下田奉行に宛てられ、「四ヶ月以内あるいはフート号がサンフランシスコより戻り次第支払われる」ことを約束していた。この手形は、結局彼らによっては支払われず、アメリカ総領事としてハリスが下田にやって来た後、この間の事情を精査したハリスがアメリカ政府の名において支払った[5]。

下田幽居中にも「欠乏品貿易」に精を出したリュードルフが、カロライン・フート号のパイオニア達に対しては概して批判的であったことは面白い。彼はこの未払い手形問題についても辛口のコメントを残している。「最後にリード氏およびドジャティー氏［＝ダハティー氏］が千五百ドルの負債［ママ―第三章第七節、参照］を日本に残して帰国してしまったことは、アメリカ人をはじめ全外国人の信用を非常に落としてしまった。この人たちが、出帆後、多くのアメリカ船が下田に来たが、食料品その他の品物の購入にあたり、非常な困難を感じた。ごく些細なものでさえ、前金を払わなければ、日本人が提供を肯んじなかったからである」（『グレタ号日本通商記』三一二ページ）。

［註］

（1）フート号のリードおよびドーティーからロシア人輸送の話を聞いたリュードルフは、五月八日（六月二一日）に箱館を出て下田へ急行し、最後のロシア人を運ぶ契約を取り付けて、グレタ号は六月一日（七月一四日）戸田を出港し、リュードルフは荷物とともに玉泉寺に残った。第五節註（2）参照。

（2）フート号に先行して箱館に入ったバルチモアの捕鯨船レヴェレット号 *Leverett* に、箱館で酒場を開業するつもりで便乗した二人のイタリア人と一人のフランス人がいた。彼らはもちろん「滞在」を認められなかったが、レヴェレット号が彼らを置いて出港したため、ロジャーズが身元を引き受け、フート号に押し付けて、次の寄港地で下ろすよう取り決めた。

（3）「空しく」と書いたが、リードはここでも商人魂を発揮し、「三人の招かれざる客」を引き取る交換条件として、ロジャーズ司令官および箱館奉行と交渉して、船荷のウール地との交換で二〇〇俵の米を仕入れている（Van Zandt, *op. cit.*, p.239）。

（4）本国に帰っても、アメリカ海軍測量遠征隊のロジャーズ司令官がリードのために一肌脱いでいることは興味深い。このトラブルの直後にサンフランシスコに入港したロジャーズは、サンフランシスコ裁判所に供述書を提出してリードを支持したが、徴税側はその姿勢を変えず、リードの再評価要求を却下した。これに対しリードは直ちに上訴した（Van Zandt, *op. cit.*, pp.306-307）。第三章第五節、参照。

（5）前節註（2）ならびに第三章第七節、参照。

九　フート号と乗客のその後

フート号乗客の経験によって、日本との交易ないし日本でのビジネスが難しいことは知れ渡ったが、この際にエキゾチックな日本物産を輸入して一儲けしようとする冒険商人には事欠かなかった。一八五五年の秋には、幾隻かの商船が下田を目指してサンフランシスコを出港していった。

ヘンリー・ドーティーもまた、せっかく培った「日本知識」を生かしてもう一度チャレンジするつもりで、早くも一八五五年一〇月一九日（安政二年九月九日）にはスクーナー船ページ号 *Page* を雇い、再び下田を目指した。「リードとダハティーの過ちを繰り返さず、日本で売れる見込みのない船荷は持たないことにして」、銀貨四、〇〇〇ドルで日本物産を買い付けるつもりであった（Van Zandt, *op. cit.*, p.316）。リュードルフの手記によれば、ページ号は一二月二日（一〇月二三日）に下田に入り、二人は旧交を暖めた。「本人の言によれば、金額一万五千ドル、船にもっていて、下田で日本の物産と、米、豆、醤油などを買って船に積み込むつもりらしい」（『グレタ号日本通商記』一三四―一三五ページ）。一万五千ドルは、ドーティーが少しホラを吹いたのであろう。美人のドーティー夫人は、この時には同行していなかったらしい。彼女は一八六七年にカリフォルニア州サクラメントで死去、三五歳であったという。

フート号のリーダーを勤めたウィリアム・リードは、サンフランシスコに留まって、賠償問題や輸入税問題についての抗議や提訴に奔走する一方、神秘の島「ニッポン」の最新情報の提供者として、また練達の書き手として、新聞各紙に手紙や手記を書き綴り、フート号日本行のスポークスマンを務めた(1)。リード夫人と二人の子供もサンフランシスコに住んだのであろう。

トーマス・ダハティーは、残務整理のためであろうか、一〇月はじめに一度ホノルルへ戻り、一二月にはサンフランシスコへ帰った。リードとのパートナーシップを解消した後の彼には、やや気落ちした様子が見受けられる。彼が付き添ったロシア兵のカムチャツカ行など、語ることは多かったはずであるが、リードの精力的な活動とは対照的に、文筆を振うこともなかった。しかし一八五六年、ホノルルに戻った後は、北太平洋を中心に貿易に従事し、一八五七年には日本とペトロパヴロフスクを再訪した形跡がある。

ウィリアム・ビドルマンはその後ネヴァダに住み、ホレース・ピーボディーは海員に戻った可能性があるというが、詳しくは分らない。

グアムで下船したエドワード・エジャトンは、やがてグアムが思い描いた楽園でないことに気付いたが、とりあえず居住許可を得るためにマニラのフィリピン政庁に出向くなど、南太平洋で苦労を重ねていた(2)。

カロライン・フート号とアンドリユー・ウォース船長もまた、新聞では再度日本へ行く準備をしていると報じられたが、一〇月二七日（九月一七日）に出港した際の目的地は南米エクアドルであった。一八五六年以降、フート号はサンフランシスコを拠点に、メキシコや極東ロシアとの貿易輸送に従事し、一八六〇年には箱館に立寄っている。この間ウォース夫人は、やはり夫に同行したのであろう。

［註］

（1）リードが新聞に寄稿した日本論・日本人論は Van Zandt の前掲書に詳しい。

（2）当時のグアムはスペイン領で、マニラ政庁の管轄下にあって、外国人の滞在にはマニラ総督の許可を必要としたという。エジャトンのその後については、第一章補論、参照。

第二部　「下田亜米利加婦人図」をめぐって

一　「聞集録」所載のフート号婦人図

安政二年一月二七日すなわち一八五五年三月一五日、カロライン・フート号の乗客として下田に入港した三人のアメリカ婦人と二人の子供を描いた「下田亜米利加婦人図」とそこに添えられた説明文については、「はじめに」で触れた。この説明文（史料1―1）を読んだ幕末史に詳しい人は、これが幕末の風聞を書き留めた記録（「風説留《ふうせつどめ》」）として著名な「聞集録」のなかの一記事と（ほぼ）同文であることに気がつくであろう。[1]

実は、この下田入津の婦人子供について書かれた幕末史の記述・記事は（断片的とはいえ）少なくないが、その解説の根本資料となったものが「聞集録」の一文であった。当時に関する一級資料としてまず参照される『（大日本古文書）幕末外国関係文書』（第九巻、第六一項）が、「聞集録」のこの一文をそのまま引用しているからである。

ところが、『幕末外国関係文書』から引用する人は、ややこれに頼りきって、「聞集録」本体に直接当たる労を取らないできた。前者の引用の最後に「〇婦人小児ノ図略ス」と註記があるにもかかわらず、である。「聞集録」の記事原本はどのようなものであったのか。現在、東京大学史料編纂所に所蔵される原本から再現することにしよう。彩色画に説明文のついた、図1–1と酷似したもので、これを図1–2とし、説明文を活字に起こしたものを史料1–2とする。[2]

絵については、前者「下田亜米利加婦人図」が手馴れた美しい絵であるのに対して、後者「聞集録」の絵は如何にも稚拙で、素人の模写という感じがする。ただしスカートの柄やアクセサリーの書き方は、後者のほうが少し丁寧ともいえる。文章のほうはどうか。史料1–1と史料1–2がほぼ同文であることは一見して明らかであろう。ところが、よく見ると情報に若干の違いがある。

まず第一に、船名について、史料1–1は「カロラインイフート」といい、史料1–2は「カロラインフミト」という。カロライン・E・フート号の表記としては前者に軍配が挙がる。第二に、末尾に近く「大亀数拾を漁した」場所が、史料1–1では「サントウイス」（サンドウイッチ諸島すなわちハワイ）

（史料1―2）
安政二年次乙卯春正月
廿有七日申中剋下田港
入津之亜米利迦船
鯨魚之業船云 スク
―子ル 俗ニシコナト
云長サ十六間余至テ
小船と云 船号カロラ
インフミト云乗
組人数二十一人
内女三人児
童二人 男子
九歳女子五歳
船主名ウオイ
ス婦人一人者ウオイスノ
妻 歳三十五 歳一人者按
針役之妻 二十歳
一人者同船商人タバテート（云）者之妻 歳
二十二歳 此婦人容顔美麗 丹花ノ唇白

雪之膚 衆人驚
眼飛魂 児童皆
船主之子也 彼国
正月元日（日本ノ去年十一月十三日也）
カルホニアサンフラン
シスコヲ出帆而 サ
ントウイスニ至テ
大亀数拾甲ヲ漁而後
下田之港ニ至也
海上日数凡七十日

の後に寄港した、「ホ子《ね》エイラント」（ボニンアイランドすなわち小笠原島）と正確であるのに対して、史料1―2では小笠原寄港を略してしまっている。ただし、史料1―2は最後に、「海上日数凡七十日」という史料1―1にない一文を付け加える。

　これらが単なる写し間違いというレヴェルではないことから、文章上の感想からいえば、史料1

―1のほうが正確であり、史料1―2よりはオリジナル（があるとすれば、それ）に近いと判断される。ただし文字の使い方などからする全体の印象としては、やや時代の下る複製という感じもぬぐい得ない。(3)「聞集録」の編著者が京都を本拠とした高岡某であるとすれば、彼はこの情報をどこから得たのであろうか。(4) 自分で複写をしたのか、絵図自体をだれかからもらったものなのか。いわゆる「風説留」における「フート号婦人図」の流布についても、もう少し調べて見なければならない。

［註］

（1）東京大学史料編纂所所蔵「聞集録」全一〇八巻中の第五一巻所収。「聞集録」については、田中正弘論文を見よ。「聞集録」の編著者（作成者）は、京都詰の川越藩士・高岡九郎左衛門秀気（一八〇二―一八七八）であった。彼は川越藩の下級武士であるとともに、同藩分領の近江国栗太郡の地侍に系譜を持つ地元の豪農として生活するという、二重性を持つ存在であったという。

（2）「聞集録」所載の図1―2は、タテ二三・四センチ、ヨコ三二・〇センチの用紙に描いて、真ん中で二つ折にして綴じ込んである。従って大きさとしては図1―1とほぼ同じということになる。

（3）実は、図1―1を正確に読めば、サンフランシスコをサンフランヌマ、ホネエイラントをホネエイウシトと誤記している様にも思われる。この拠ってきたる原因については後考に俟つ。

（4）川越藩は、ペリー来航時に江戸湾警護に当たっていた四藩のひとつであったから、京都詰の高岡も、この方面からの外交情報に接する機会は多かったものと思われる。

二　安井重遠「夏南破男志」のフート号婦人図

さて、「聞集録」は、早くに政府に献納され維新史の修史史料として使われたために、いわゆる「風

（史料1–3）

安政二年歳次乙卯春正月廿有
七日 申中剋 豆州下田港入津之
亜米理迦船 鯨漁之業船云 ス
クー子ル俗ニシコナト云 長サ十六間
余至而小船ト云 船号カロライン
イフートト云 乗組人数二十一人内
女三人児童二人 男子九歳女子
五歳 船主名ウオイス 婦人一人
者ウオイスノ妻歳三十五 一人者
按針役之妻二十歳 一人者
同船商人タバテート云者
也妻歳二十二 此婦人容顔
美麗丹花之唇白雪之
膚衆人驚眼飛魂
児童皆船主之子也
彼国正月元日 日本ノ去年十一月十三日也
カルホニアサンフランシスコヲ
出帆而サントウイスニ到而大亀
数十甲ヲ漁而後 下田之港ニ至也
海上日数凡七十日

説留」としては特に盛名をはせたが、当時同種の記録が多数あったであろうことは容易に想像がつく。

「当時の人々の政治的関心にマッチする種々のニュースや書籍等の政治情報を意識的に集積する人物（あるいは組織）が存在し、それが転写という形でかなり開かれた世界を形成していく磁場となった事実」を指摘し、広く「風説留からみた幕末社会の特質」を論じたのは宮地正人であった。こうした関心は、ペリー来航という国難を契機に一挙に政治的なものに収斂しつつ拡大したという。その執筆者は、現存するものでは豪農・豪商が多いが、しかしその情報ネットワークは、職分や親戚、学問や趣味、サロンやサークルを通じて広範であった。こうした世界で、名古屋に見られる特徴は、豪農や町人と文化を共有する藩士層の末端や陪臣にまで作成者が広がっていることだという。

ここで次に挙げなければならないのは、名古屋の蓬左文庫に所蔵される「夏南破男志」（全四三巻中）第一九巻に収録される「カロライン・フート号婦人図」である。

本書「夏南破男志」すなわち「ケナハナシ」は、尾張藩祐筆・安井重遠がペリー来航を機に嘉永六年（一八五三年）から書き起こし、海防問題を主題として扱った「風説留」である。[1]

本書所載の「フート号婦人図」を図1-3とし、説明部分の釈文を史料1-3とする。これは、「聞集録」の場合と同じく、一枚の半紙に描いたものを半折して前後の文書の間に綴じ込んだものである。

史料1-3は、綴じ込むことを予定してか文章は右面によせてあるが、その内容においては史料1-2（「聞集録」）とほぼ同じである。

図1-3は、図1-2に比べてその筆力がかなり高いこととは別に、新たな重要な情報が含まれている。すなわち右端の婦人の髪飾りに「珊コ珠」、中央の婦人の髪飾りに「ルリ珠」と註記し、かつ「珊瑚珠」をサンゴ色に、「瑠璃珠」をルリ色に正確に塗り分けていることである。[2] たとえば図1-1ではその色合いが逆に描かれていた。図1-3を安井重遠が名古屋においてどのように入手したのかは分からないが、此の系統の本来の原図が、現場に居合わせて目撃したところを忠実に描き、かつ註記を入れた優れものであったことが想像される。

なおさらに参考となる絵図はないであろうか。もうしばらく「風説留」を探ることにしよう。

［註］

（1）安井重遠には、寛政二年（一七九〇年）から文久二年（一八六二）年までを扱った全二三巻の「鶏肋集」、ほかの「風説留」があるが、本書はこの別録として編まれたものと見られる（北原糸子『近世災害情報論』一〇〇ページ）。本書の成立事情については、その第一巻の序文から窺うことができる（東京大学史料編纂所「愛知県下幕末維新期史料調査」『所報』第二四号、一九八九年所収）。「ことし、六月三日、相□浦賀湊へ北亜墨利加入船渡来、江戸海岸御固仰付られ、此表よりも、御役々罷下られ、同月はしめより例の巷説囂ひすしく、夷船か来たけな、いまにも軍が初るけな、諸家の人数か毎日通るけなと、ここもかしこも何を取り留たることもなく、ただけな〳〵といいあへる中に、爰には、かようの書通あり、かしこには、かようの浮説ありと、知音の人々の語られしを、徒然の折ふし書写し、直け夏南破男志（けなはなし）と題号を付置ぬ、諱憚のことも多かれハ、かどより外へ出すことなかれ」。

（2）「もも色の数珠のふさをつないだ様なかぶりもの」については、後掲図1–5（2）、史料1–5、に詳しい。

三　水野正信「青窓紀聞」のフート号婦人図

次に取り上げる「風説留」は、やはり蓬左文庫に所蔵される「青窓紀聞」である。この書は、尾張藩の城代家老などを勤めた大道寺直寅の用人・水野正信が、文政元年（一八一八年）から明治元年（一八六八年）にいたる世相記録を克明に書き留めた全二〇四巻におよぶ大著であり、その第六六巻に「カロライン・フート号婦人図」が現れる。

それが図1–4であり、その文章部分を活字に起こしたものが史料1–4である。これまでの二例と同じく、半紙大の一枚に描かれたものを半折して、和本仕立ての中に綴じ込んである。

史料1–4は、基本的には史料1–3と同一といってよいが、二つの点で注目すべき記載がある。そ

（史料1―4）

安政二年歳次乙卯春正月廿有
七日申中刻 豆州下田港入津之
亜米理迦船鯨漁之業船云　ス
クー子ル俗ニシコナト云 長サ十六間
余至而小船ト云 船号カロライン
イフート云 乗組人数二十一人内
女三人児童二人 男子九歳女子
五歳 船主名ウオイス 婦人一人
者ウオイスノ妻歳三十五 一人者
按針役之妻歳二十歳 一人者
同船商人タバテート云者
之也妻歳二十二 此婦人容顔
美麗丹花之唇白雪之
膚《ハダエ》衆人驚眼飛魂
児童皆船主之子也
彼国正月元日 日本ノ去年十二月十三日也
カルホニアサンフランシスコヲ
出帆而 サントウィスニ到而△大亀

数十甲ヲ漁而後 下田之港ニ至也
　海上日数凡七十日
△脱ホ子エケラントニ到テ
右ハ去寅年亜米利加船
浦賀入津之乗組ノ内
病死イタシ候者共ノ
妻子ニテ 親夫ノ
墓拝ノ為ニ入津
セリ

の一は、図の右側末尾に、△脱として付け加えられた一文である。大亀数十甲を漁したのがホ子エケラント＝ボネヱイランド＝無人島＝小笠原諸島であったという追記であり、これについては図1―1と図1―2の比較のところで述べた。この追加が、模写の段階での脱字とは思われないところから、図が一度出来上がってから、別の図ないし情報から追記したものと考えられる。流布したテキストにはこの一文が入ったものと、入らないものとの二種類があったとみられる。

その二は、図の左側に書かれた追記であって、この三婦人がペリー艦隊で来日して日本で病死した隊員の妻子であって、墓参のために入港したものであるという趣旨である。柿崎・玉泉寺にアメリカ人墓地があって、一八五四年に亡くなったペリー艦隊の三人の墓があることは確かだが、この話はまったくのデマであった(1)。

筆者・水野正信についても、二つの点が注意される。その一。水野は、ペリー来航に際して、名古屋藩の海岸防御御用取扱の任についた大道寺直寅に扈従して江戸に行き、ペリー騒動を実見していることである。海防・外交は彼にとっては任務の一部であり、特に関心が深かったと思われる。水野はまた、安井重遠や奥村得義を含む名古屋城下の情報交換の同好会の主要メンバーであり、陪臣でありながら、藩内外の情報に精通していたと思われる(2)。

その二。水野はそれなりに絵心があったらしく、木版のかわら版を得て、それを自ら転写したうえ彩色した絵図などを残している（北原、前掲書、一〇二―一〇三ページ）。図1―4もまた水野自身の手になる模写と判断して良いであろう。ただし絵そのものは図1―3に比べて稚拙であり、また、前述の「珊コ珠」「ルリ珠」についても、その描写や色付けはごく雑駁であるといわなければならない。

以上、いわゆる「風説留」に現れる「カロライン・フート号婦人図」の三点を見てきた。幕末期における「風説留」のあり方からみて、もうすこし組織的に調べれば、おなじ「フート号婦人図」を得る可能性は大いに考えられる。しかしこのあたりで眼を転じて、日本人の得意とする日記・日録を調べることにしよう。

［註］

（1） 実はこれに類する話が、前掲・安井重遠「夏南破男志」にも（図1―3とは別に）同年二月の小さな記事としてでてくる。念のためこれを次に掲記する。

去月廿日頃、米夷小キ船一艘下田江入津、右船ハ三四百石積之由、帆柱二本、傳馬船弐艘、人数廿四五人乗組、外ニ婦人三人子供二人乗来、右婦人去年米舶《（ママ）》中ニ而落命之者埋葬之処江墓参致し候由、日並ハ廿九日之由、師崎村吉左衛門船下田ニ而承来候趣申出候

「米舶」は「米船来舶」の意味であろう。「師崎村」は知多半島突端の港であり、吉左衛門は船主か船頭で、藩に報告があったのであろう。ニュース・ソースやその伝播経路、そのスピードを知る上でも興味深い。

（2） この同好会メンバーであった奥村得義の「松涛棹筆」にも「フート号婦人図」があったという説があるが、筆者は未確認である。

四　加藤祐一「旅中日記」の記事とスケッチ

カロライン・フート号の下田入津と婦人子供を含む乗客の上陸は「事件」であったから、奉行所や代官所の役人をはじめとして現場の目撃者が公私の記録を書き残したことは疑いを容れない。そうした記録の中で、私的な、それだけに率直な感想を記録して有名なものに川路聖謨の「下田日記」があり、古くから引用される。これについては後にふれるが、残念ながら画像の類をふくまない。現場に立ち会っ

て、見たところを絵に描いた記録はないものであろうか。絵は武士の嗜みでもあったから、そうしたものがあっても不思議ではなかろう。それが存在したのである。加藤祐一「旅中日記」である。

加藤祐一（加藤啓之進）は、幕府の御先手組同心として四谷に住んだが、ペリー艦隊の来航により下田奉行所の増強を図る一環として下田出役に採用され、安政元年一二月一日江戸を出立、十二月五日に下田到着、下田奉行所の手附として勤務した。その後、加藤は下田に四年余、横浜に八年ほどを過ごし、維新後はその経験を買われて大阪の運上所から外国事務局に勤め、五代友厚の知遇を得た。明治二年には大阪通商司に転じ、同三年には兵庫県参事に栄転している(1)。

さて、現存する加藤祐一「旅中日記」は、安政元年一一月晦日に始まり、安政二年正月晦日までを含む一冊で、「二月朔日よりハまた別に帳をしたて、しるす」というから続編があったことは確かであるが、今は見当たらない。しかしわれわれにとって幸いなことは、一月二七日のフート号入港から数日の見聞が、スケッチを伴って実に詳細に描かれていることである。また、加藤祐一「旅中日記」原本は今は横浜市立図書館に所蔵されるというが、これまた幸いなことに、横浜郷土研究会によりその復刻に解読、解説の付された優れた研究が公刊されており、それに依拠することができる（横浜郷土研究会『開港への幕臣旅中日記』）。

すこし長くなるが、関係するスケッチのあるページ部分を図1-5とし、一月二七日フート号入港からの記事を読み下したものを史料1-5とする。一読、臨場感にあふれた、しかも誠に正確な記録であることが理解されよう。図1-1～図1-4に含まれる情報は、（若干の取り違えも含めて）ほとんどここに含まれている。

（史料1-5）

廿七日天気
今日申中刻頃、新島、神津島の
間に異船一艘見ゆるよし　武山
遠見のもの注進ス、依之、早速
武ヶ浜之辺江行て見るに、二三里
沖の方に亜米利加船とおほしき
はたをたてゝこなたをさして来ル
船あり、早ゝ立帰りて此よしを
奉行に申、水先案内のものを
出し、引つゝきて与力合原氏、
立会篠崎氏、通詞召連出る内
（改ページ）
かの舟ハはや港へ入ル、やかて右之
人々乗込、いかなる船にていかなる
故に来るやととふ、左のことし
一船ハ漁猟船にてシコナ或ハスコーネルと
いふ至てちいさき船也、長サ凡
拾六間余、檣弐本也、乗組人数

廿一人、此内女三人小供弐人、外ニ
水夫之子供なるにや、十二三才の
子供壱人居ル
一亜米利加カルホルニアの内サンフラン
シスコの漁船なるよし
廿八日はるる
前書亜人女子供とも上陸ス、市
中取締のため出役す
（改ページ、以下図1-5（1））
一女三人
子供
弐人
上陸ス
船主、
船持などの
女房子なり
いつれも夫婦
手をひきあふて

あゆむ、女壱人ハ
三十四五才、壱人ハ二十二才也
といふ、今壱人ハ十九才なりといふ
子供ハ兄ハ九才、いもとハ五才也
（改ページ、以下図1－5（2））
髪の上へ
色ハ
かむるもの
もゝ色なり
木綿糸の様なるものニて、数
珠のふさをつなきたる様なる
もの也
又或ハうすき紗の様なるきれへ
紋からを出したるを顔迠かむりて
歩行もあり
如図
此かむりたるものゝ図
此処まげに
あたる

此きれ
紋紗
の様
なる
きれ也
此処きぬ糸の様
なるものにて組て
あり
此処おなし
（改ページ、以下図1－5（3））
此きれ
ちすき紋紗也
此ふろしきの様
なるもの長く
うしろ迄引
すりたるもあり
けさの
やうにかけ
て居る也
ふろしきの
やうなる
もの也
むねの処に
此如のもの
金ものニて、中に人の
かたち書てあり

ころもの
すその
長き様
なるものを
はく也
土間をも
よく
ひく程なり
（改ページ、以下図1-5（4））
九才ニ成男の子のかむりたる
もの
五才に成る女の子の
かふりたるもの
子供のいてたちハ江戸の角兵衛
獅子の様也
一同日右亜人とも帰船の後
こなたより又応接として参ル

合原氏、山口氏、自分并立会方
とも亜船江乗込、応接之事ハ他へ
（改ページ、以下図1-5（5））
もらされさる事
かたきおきてあれば
こゝにしるさず、只その船
のもようをしるす
一船号ハカロラインイーフートと
いふ船也、如此の籏印をたて
たり
小船の籏印ハ
如此のはたを
たてる
中の筋ハ
青き
色也
（改ページ）
一船の中に大亀二三十程貯有之

是は無人島之辺ニ而猟いたし候よし
一鹿壱疋、犬壱疋飼有之
一前之弐人の子供の外にも水夫
らの子供なるや、壱人船中ニ居ル
十二三才位なり
一彼国サンフランシスコという処を
彼国の正月朔日日本の去年十一月十三日ニあたる
出帆、海上廿日を経てサントウ
イスという処にいたり此処に
廿四日滞留、それよりまた海上
廿一日を経て無人島に来り
漁猟をなし同所に四日滞留
（改ページ）
海上三日路にて昨日当港へ来たり
しよしを云
（中略、改ページ）
一無人島ハ彼国の言葉にてハ
ボネヱイランドと云
此外亜国の言葉さま〳〵聞

たれとも、此内にハあまり事
多ければ別に一冊にしるす
一船至てせばければ彼大亀
の背中の上なとを踏て通る
亀ハいつれもいきて居る也
是せうがくぼうといふ亀也
（改ページ）
是ハ江戸にて見る所の亀也
一船主の名をウオイスと云
此下田を見物して後、箱館を
見物に行と云、ま事ニ異
国の人ハ女迠も大たん也、万里
の波濤をしのきて来る、その
船によくも乗てきたれる
ものかな、ことにしらぬ他国に
きたりて、おそるゝ色も見へす
こゝかしこ遊ひありき、われ〳〵
ともかものを問ひなとするを
いとなれ〳〵しく受答へなとして

はつる色さえなし、異国の
礼義にて、来る時と帰る時と
（改ページ）
にハかならす手をにきりあふ
事なり、われ〳〵ともがかの船へ
行てもすくに出迎ひて
ハレリヤウといひて手をにきる
ハレリヤウといふハ、日本言葉なれハ
御き嫌よふといふ様なる事なり
また帰る時にハ、グルバイ 是ハ日本ことばにていへば、はいさようならといふに同し といひて手をにぎる
かの船中の女なとも、同しように
グルバイといひてわれ〳〵の手を
にきる、もし日本の女ならんにハ
異国人のそはへもより得まじ
ましてや遠き他国へいたりて
言葉もわからす、其人のこゝろも
（改ページ）
しれぬに、手をにきりあふ事

なとをよくなしうべきや
一文化年中にカピタン人の妻
ミ、イといふもの、親母と子供を
つれ、日本に来りたる夫《おつと》をしたふ
て長崎に渡来せし事ありと
かや、老たる人の物語りに聞く
事あり、されともその女ハ日本
の地へ上る事叶ハす、船中に
ありてそのまゝ帰りしとなん
其外にハ古来絶て日本へ
異国の婦人の来りし事
なしと聞及ふ、しかるに今
此下田へ三人まて来り
（改ページ）
あまつさへ所々を遊歩し
巡覧するなど、実にめつらしき
事なり、世の中も変化する
時ハあるもの也けり
（下略）

さて、問題の婦人像である。まず図1-5（1）が、これまでの各図の左端二人と同じ図柄であることはほぼ断定してよいであろう。[2] そして図1-5（1）と図1-5（2）の婦人はその服装（髷、帽子、ベール、カメオ）から多分同一人物であろう。[3] 加藤はこの婦人を船主ウオイス（船長のウォース）の夫人であると思っていたらしい。[4] しかし、この婦人が二児の母だとすると、実は（カロライン・フート号を雇った商人の代表）リードの夫人と取り違えていたことは「はじめに」で述べた。

これまで見てきた「カロライン・フート号」婦人図の原図の筆者を加藤祐一に宛てるには、なお証拠が足りない。しかしそれが、加藤のこの日記を参考にして描かれたことはまちがいあるまい。残念ながら、下田の人々を「驚眼飛魂」させたドーティー夫人については、加藤に直接の言及はない。

〔註〕

（1）明治期の加藤祐一は「明治初年大阪の厚生に重大なる貢献をなせる五代友厚の女房役として、五代に新知識を供給し又賢策を提言せし人」（『日本経済史辞典』上、第三刷、二五一ページ）として著名で、日本経済史にその名を残している。なお、祐一の読みについては、ゆういち、すけいち、すけかづ、など諸説があるようでるが、ここでは仮に「ゆういち」とする。

（2）但し子供は、その帽子の形から、他図の描く男児ではなく、五才の女児である。

（3）ただし図1-5（2）の婦人が細面の美人であるの対して、図1-5（1）が女児をつれた丸顔の婦人であることからして、前者がドーティー夫人、後者がリード夫人であった可能性も考えられる。

（4）加藤は日記の最後に、下田に来てからの感懐を戯れ歌に託し、「また船主ウオイスが妻、きぬのうすものを顔ニかむりたるをミて、「猟船に乗てくれはや　顔にまて　あミをかけたる　うおいすが妻」」と記している。

五　米国議会図書館所蔵「カロライン・フート号絵巻」

さて加藤祐一のスケッチとの関連で、現在アメリカ議会図書館に所蔵される一巻の絵巻から、フート号乗客の二枚のスケッチを紹介しよう。

一巻の絵巻というが、いろいろな光景を素描した四枚の半紙を仮に張り合わせた態のものである。主題もペリー艦隊来航図とフート号乗客図が交ざっており、かつ一枚の半紙に両方の図柄が同時に描かれているから、実写というより、何かから転写したものかもしれない。またこの一巻を「カロライン・フート号絵巻 "Caroline E. Foote" Scroll, "Simoda"」と名づけたのは、この資料類を議会図書館が受入れたときの仮の処置であったと思われる。(1)

さて、この絵巻に写された二面のスケッチを図1―6（1）、図1―6（2）とし、文字部分を史料1―6（1）、史料1―6（2）としよう。

図1―6（1）はドーティー夫人の肖像二枚である。左手は、三月三日というから「桃の節句」に盛装で外出したときの姿であろう。

図1―6（2）は、リード夫妻とその女児、ならびにウヲルト夫人（＝ウォース夫人）の散策図である。リード氏が持っているのはなにであろうか。これがいわゆる「床几《しょうぎ》」であるとすると、この図の描かれたのが安政二年二月二〇日の出来事であったことが、後に述べる川路聖謨「下田日記」①の記述から知られる。

さて、この二図の大問題は、夫人たちのファースト・ネームと年齢である。まずドーティー夫人につ

（史料1–6（1））
サモラ。ドテイ　年廿八才
同三月三日装束之図

（史料1–6（2））
イムメ。ウヲルト
廿四才
ルウキース。リード
五才
ラウキーン。シ。リード
三十二才
リード

いて、ここではサモラといい、年二八才という。ヴァンザントの研究によれば、彼女の名はエンマ Emma ではないかという（Van Zandt, *op. cit.*, p. 357）。年齢もまた、これまでの資料はほぼ二二才で一致している。

ウヲルト夫人というのはウオイス夫人＝ウォース夫人であろう。彼女はイムメといい、年齢は二四才という。イムメがエンマの訛であるとすればドーティー夫人の名前と被る。年齢も史料1–5（加藤祐一）は一九才、史料1–2～史料1–4（「風説留」）は二〇歳、史料1–1（「下田亜米利加婦人図」）は二一才という。

リード家の三人についてはあまり問題はない。ウィリアム・C・リード氏（William C. Reed）、このとき三五才前後、ラヴィーン・リード（Lavine Reed）夫人、年齢はこれまでの日本側資料では三五才で一致している。ここでは三二歳とやや若くなっている。[2] 女児ルイーザ・リード（Louisa Reed）は五才。

このスケッチは誰が描いたのであろうか。[3] 名前と年齢はどのようにして知り、誰が書き込んだのであろうか。疑問は尽きないが、いまは先を急ごう。

［註］

（1）現在アメリカ議会図書館の Prints and Photographs Division に所蔵されるこの絵巻 Scroll を含む一群の資料（ペリー艦隊の二回の来航を主とし、ハリスの条約調印にいたるいくつかの出来事を描いた絵巻類、スケッチ・ブック、等）については、未だカタログ化がなされず、その由来も良くわからないという（議会図書館・日本部司書・中原まり氏のご教示による）。ただ、これを受け入れたときの司書が、この資料全体としての解説論文を残している。Renata V. Shaw, "Japanese Picture Scrolls of the First Americans in Japan," *Quarterly Journal of The Library of Congress*, Vol. 25, 1968.

（2）次節で取り上げる図1-7では、リード夫人が三一才と、さらに若返っている。

（3）その図柄や筆致、色の指定などから、現在東京大学史料編纂所に所蔵される「ペリー渡来絵図写生帖」との類似を思わせる。後掲第六節註（2）参照。

六 「ペリー渡来絵図貼交屏風」のフート号婦人図

（史料1-7）

安政二乙卯正月下旬メリケン船豆州下田港江渡来 但日本船ニテ千五百石積程
人数四拾人乗にて内婦弐人柿崎村之内嶽ケ浜会所ニ而
会津細工之類買ものの図也
此図之外婦弐人 名ヒッセ二廿一才 名ジャラ廿五才
毛赤く鼻高く顔色白く
眼中茶色何茂《いずれも》中肉中丈
旦夫《だんぷ》之有之も白歯にて眉毛有

議会図書館所蔵の「カロライン・フート号絵巻」の二枚のスケッチがペリー来航図と混在していることは前節で触れた。最後に、ペリー来航図で埋められた屏風の中に、なぜかフート号婦人図が一枚だけ突然現れる事例を紹介しよう。現在、東京大学史料編纂所に所蔵される「ペリー渡来絵図貼交屏風」のなかに貼り交ぜられた小さな一点である。

すへて美女多き国なり
女子五才
名ロニヱニザ
婦名
ゼリ
三十一才
名
ポサア
栗穂ノゴトシ
長サ一寸五分程
男子九才
名ベルラ

この屏風は、縦一五二・五センチ・メートル、横三八〇・〇センチ・メートルの堂々たる八曲一隻に、ポーハタン号以下の黒船図、ペリー以下の艦隊士官の肖像、献上品の動く蒸気機関車模型とモールス電信機の図、黒塗りにした水夫がダンスを踊るミンストレル・ショウの図など、よく知られた「黒船渡来図」の各種の絵図・絵巻が三段にわたって貼り交ぜられており、『黒船来航譜』や『(東京大学史料編纂所史料集発刊一〇〇周年記念) 時を超えて語るもの』などでその全容が知られる。その下段中央に、カロライン・フート号婦人・子供図が一点小さく入っている。これを図1-7とし、史料1-7を添える。

図1-7がリード夫人とその子供たちを描いたものであることはほぼ明らかで

あろう。鹿はやや意表をつくが、子供たちのペットとして小笠原から連れて来たことは前述した（第一部第二節）。史料1-7によれば、「嶽ヶ浜（武ヶ浜）会所」へ買い物に出かけた図であるという[1]。ここに描かれない二婦人を含めて、「頭髪は赤く鼻は高く顔は白く眼は茶色で」「中肉中背」、既婚であるのに「鉄漿や眉剃り」をしていないが、「すべて美女」であるという。後に見るように、ドーティー夫人は黒髪のはずであり、またこの図で見る限り、リード夫人はかなり恰幅がいいが、ともかくみな美人に見えたのであろう。

ここでの問題もまた、婦人子供のファースト・ネームと年齢であろう。中央の婦人をラヴィーン・リード夫人だとして、「ゼリ　三十一才」とは何事であるか。ここに描かれていない二婦人が「ヒツセニ　廿一才」と「ジャラ　廿五才」とは何事であろうか。

子供については問題が少ない。女児ロニヱニザはルイーザでよかろう。男児ウィリアムが何故ベルラなのか。多分ビルであろう。この二人の年齢には問題がない。

図1-7は、絵に関するかぎりは現場で実写したものに違いないが、名前と年齢はかなり怪しい。どこで手に入れた情報であったのだろうか。

この「貼交屏風」は全体が誠に立派なつくりで、そこに貼り交ぜられた絵図・絵巻類も実に丁寧な仕上りであることからみて、それを描いた作者たちがかなり手練れの御用絵師の類であったことが推測される。この婦人・子供図を描いたのはいったい誰であったのであろう[2]。

［註］
（1）外国人のいうバザールいわゆる「欠乏会所」は、当時、下田二丁目脇にあったはずであり（第三章参照）、武ヶ浜会所についてはいま詳らかにしない。
（2）「貼交屏風」と同じく東京大学史料編纂所に所蔵される「米国使節ペリー渡来絵図写生帖」は、事件現場の実見にもとづくスケッチ帳で、のちの清書作成に備えた一種の見本帳ではなかったかといわれ、その描き手の候補としては高川文筌（松代藩医、谷文晁の弟子）、関藍梁（膳所藩儒者）、鍬形赤子《くわがたせきし》（津山藩御用絵師、鍬形蕙斎《けいさい》の養子）らが挙げられるという（『時を超えて語るもの』二三七ページ、『ペリーの顔・貌・カオ』四六ページ）。幕府および海防に携わった各藩において、現場を記録するために、多くの絵師や儒者が動員された。

七　川路聖謨「下田日記」のフート号婦人像

最後に、加藤祐一の描いた記事を補完するものとして、川路聖謨「下田日記」から、カロライン・フート号の乗客群像の描写を整理しておこう。

御徒《おかち》の倅から累進して勘定奉行に至った努力と才覚、プチャーチンの応接掛として東奔西走した日々、幕府の運命に殉じたその壮絶な最後、川路左衛門尉聖謨《としあきら》の生涯については他書にゆずる[1]。

川路の下田出張は三回に及ぶ。プチャーチンとの「日露和親条約」締結交渉のため安政元年一〇月二一日下田に入り、条約調印を終えて一二月二八日に下田を発った第一回。下田取締掛を命ぜられ、あわせて和親条約第六条領事官駐留条項の撤回をプチャーチンと交渉するため安政二年二月一八日に下田に入った第二回。江戸での打合せのため同三月一〇日に下田を発ち、三月二四日下田に帰任、任を終えて（プチャーチンの帰国のため任を果たさずに）四月二三日下田を発足するまでの三回目である。

川路がはじめてカロライン・フート号の人々を見たのは、第二回にあたる安政二年二月二〇日であった。以下、川路日記おける観察を日付順に列挙しよう。ごく短文の二例を除いて、川路日記のフート号に関する言及は以下ですべてである。

①「廿日　晴　（前略）欠乏《ケツボウ》会所に参り候処、亜人・魯戎参り居申し候。役人を見候て、一同帰り申し候。其節、アバヨ、玉泉寺へ参ロウ、と申したる由也。玉泉寺へ見廻りとして参りたるに、亜人の美女本堂へ出候て、日本の役人を見居たり。黒きかみを短く切り候て、左右へかき分け、こしには裳衣《モコロモ》というがごときものを着用せり。廿二、三なるべし。外に男女子二人居たり。児共いずれも綺麗也。彼国の犬、二疋居申し候。（中略）弁天島の社へ参り候節、亜人夫婦居たり。供まちの中間の持参候床木《ショウギ》をみて、ことにめずらしがり候て、中間よりかり候て、夫婦していろ〳〵にいたし、ながめ居り申し候。」

川路もまた「亜人の美女」に悩殺されたひとりらしく、彼女については以後繰り返し言及している。これは当然ドーティー夫人を指すと考えてよかろう。ドーティー夫人は歳二二、三才、黒髪であった。後段の「亜人夫婦」がリード夫妻と思われる根拠については、図1-6（2）に関して述べた。

②「三月廿五日　晴　例の通り、より合いたす。アメリカの美人、日曜日と申すには、黒繻子の衣類にて、かみかざり大造にて、顔へは人形遣いのごとくにきれを下げ、粧い候由。此女、糸竹のこと、其外しらぬことなきよし、魯人ポシェット咄し候由。瓢箪形の三弦をひき、歌い候由。人間の声とは聞えず。されど夷人は涙を流し承り候由。」

「亜人の美女」の日曜日の正装姿は伝聞で聞いたのであろう。ドーティー夫人は音曲に優れ、ギター様の楽器を弾き語りしたらしい。ロシア人とフート号とのチャーター契約がなり、フート号乗客が玉泉寺に入った当日（安政二年二月五日）、ロシア人とアメリカ人のパーティーが開かれたというから、魯人ポシェット（ポシェート大佐）の話はそのときのことであろう。

③「（四月）二日　晴　（前略）今日、亜人の美女をみるに、髪くろし。絹《きぬ》にてあみたる頭巾をかぶり、瓔珞《ようらく》のごとくなるものをさげたり。こしの細きこと、蜂の如し。日本女の半分もなし。肌の白きにほこりて、紗のごときものをきて、肌をみすることも有るよし也。」

川路のスタイル描写はまことに細かい。「絹にてあみたる頭巾」は加藤の描いた図5–2のごときものであろう。「瓔珞のごとくなるもの」は「風説留」の三点、特に図1–3の中央の夫人が下げる襟飾りの類であろう。

④「（四月）六日　くもり　在宿。亜人は、女房と子供とを並べ、ながめてたのしみ候上にて、女房の口を吸う故、番人の日本人、大に驚き申し候。〇船大将の亜人、亜人の美人の上着をもち遣し候て、其女の首を抱えながら、白昼に下田の町を遊歩する也。国風とみえたり。」

前段「女房と子供」を並べてたのしむのは、リードでなければならない。後段の船大将はドーティーとなり、「亜人の美人」と合致する。船長ウォースはこのとき、フート号を指揮してシベリアにあった。

⑤「（四月）十二日　雨　（前略）〇亜人の出帆已前と相成り候て、一両日已前玉泉寺に参り居り候亜人より、立ふる舞これ有候体也。所々へ花をさし候て、魚并にけだものの肉などを煮候て、酒を出し候由也。例の美女、なり物にてさわぎ参り居り候。魯人も亜人も、惣おどりの由也。夜四ツ時［午後十時］より、暁七ツ時［午前四時］前頃までおどりづめの由也。〈（頭書）此取締に役々夜中見廻り也。難義なるこ

と也。〉よくもくたびれ申さざる事也。角兵衛獅子、壱万まわされ、立ちくらみと申し候事もこれ有候に、案外なる事也。（下略）」

安政二年三月二七日にロジャーズ大尉を司令官とするアメリカの北太平洋測量遠征隊の二艦が下田に入り、四月一三日に下田を出帆したことは先に述べた（第一部第六節）。その出発を前にして（多分四月一〇日前後に）、フート号乗客がアメリカ海軍士官と残留ロシア人の一部を招いて送別の大ダンスパーティーを開いたのである。ドーティー夫人は音楽を担当して大いに活躍した。測量遠征隊の退去と前後して、四月一二日には待ちに待ったカロライン・フート号が帰港した。

⑥「（四月）十五日　晴　（前略）〇亜人の夫《おっと》これ有り候女は、もとイスパニアと申し候国の遊女也。今般、夫は魯人を送りて、出帆して帰り遅し。英《いぎりす》・払《ふらんす》に船を奪ワレたるとの風聞有るによりて、絶食にて五日ばかり平臥《へいが》（ボヲトロ計《ばかり》、少々なめ居りたると申す也）。然るに、船の帰り承り候て起上り、遠目がねにて見居りたるに、亭主バッテイラにて、飛ぶが如くのり附け来れり（これは、船へ与力を懸合にやりたるに、急用有りとて、懸合は十のもの二ツばかりにて断《ことわり》也）。夫婦、顔を見候と、かけより候て、日本人立合の人多く居り候なかにて、だき附き候て、いろ〱と泣きくどき、人目を少も憚らず、口を吸うこと至て久し。其上にて、夫婦手を引きあい候て、一間の内へ入り、戸を締て出でず。其体《てい》、犬にことなることとなることなし（此不礼、みるに堪えずして、勤番のものはいずれも屈強の若もの共故、勃然たる憤怒のけしき、おもいやられ申し候）。魯人見舞に来りて、右の間へは入らず、勤番の日本人へ対し、指さしをいたし候て、ヨカ〱といいて、帰り候よし也。」

ウォース夫人がここに登場する。他の二人が夫とともに玉泉寺で待機したのに、ウォース夫人は夫を戦時のカムチャツカへ送出し、フート号の帰還を千秋の思いで待ち焦がれていたのであろう。この描写は目に見えるようではないか。最後の部分、ロシア人は長崎で「ヨカヨカ」という日本語を覚え、しきりに使ったので、アメリカ人までがこれを真似て口癖にしたという。

⑦「（⑥に挙げた四月一五日の末尾部分）〇亜人、日本を退帆いたし申さず候由、六ケ敷く申居りたるが、女房のなげきにて、いぼよりちいさく、綿より柔にぐにゃ〳〵と成りて、早々に出帆となれり。天幸とも申すべき也。王昭君と申す題にて、

五月蝿《さばえ》なす　えみしの塵も治りて

このたおやめに　はずるますら男

と申し候歌を以前よみ候いしが、日本一人の森山栄之助が舌、応接懸りの舌、悉く集り、江戸役人の筆の力悉くあつまりて、亜女の舌には少も叶わず。いにしえより、夷には別て女はよくきくとみえたり。」

四月一二日に帰港したカロラインフート号は、一四日には残務整理のため戸田へ向かい、このとき下田に残ったロシア人を戸田へ送って、一六日にはまた下田に戻った。そして玉泉寺の乗客、福泉寺の船荷を引き取って、四月二二日（一八五五年六月五日）には箱館へ向けて出港していった。カロライン・フート号の乗客の下田滞在に苦慮し、その退帆を促し続けるために苦心した通訳の第一人者・森山栄之助（多吉郎）たちの大奮闘も終わった。フート号が突然退帆することになったのが、ディアナ号乗員の二回目以降の輸送契約の不調によるものか、箱館行きを急いだためかは分からない。しかし、二度目以降のカムチャツカ行きを「女房のなげき」が止めたことは、想像に難くない。

半年にわたって町を賑わせたロシア人がすっかり去り、一ヶ月にわたって町中を騒がせたアメリカ人

も去っていった。新任の下田奉行・井上信濃守を残して、川路も、都筑も、伊沢も、「下田御用済みに付」江戸へ帰っていった。下田の町は突然さびしくなったことであろう。(2)

アメリカの駐日総領事タウンゼント・ハリス Townsend Harris が通訳のヘンリー・ヒュースケン Henry C. J. Heusken を伴って下田に入ったのは、安政三年七月二一日（一八五六年八月二一日）のことであった。

［註］

（1）本稿での「下田日記」はすべて東洋文庫版による。川路聖謨の生涯に関する参考文献についても同書に詳しい。なお川路の生涯を描いた伝記小説も吉村昭、佐藤雅美、らによって書かれている。

（2）ただし、カロライン・フート号が箱館で出会ったブレーメン船籍の商船グレタ号が、戸田に残った最後のロシア人を送還するためにその年安政二年五月二一日（一八五五年七月四日）には下田にはいり、そのカムチャツカ行きの間、「上乗り」のフリードリッヒ・リュードルフを半年にわたって玉泉寺に残していったこと、フート号の乗客の一人、ヘンリー・ドーティーが同年一〇月二三日（一八五五年一二月二日）に下田を再訪してリュードルフと会ったことは、第一部で述べた。

おわりに

以上、図1-1「下田亜米利加婦人図」からはじまったわれわれの考察の結果をとりあえずまとめるとすれば、次のようになるであろう。

ほぼ同じ図柄の図1-1〜図1-4の基本情報は、現場にいて情景を目撃した幕臣・加藤祐一に多くを拠っており、その原図もまた加藤祐一のスケッチに多くを負っているように思われる。図1―1を加藤祐一筆とするのはやや無理がありそうであるが、加藤祐一筆の原画があったとしても不思議ではない。

しかしそうとすれば、「はじめに」において述べた図1-1に関するわれわれの解釈は少々修正されなければならない。もっとも大きなポイントは三婦人の同定であろう。加藤祐一の解釈が正しいとして（加藤祐一の解釈をわれわれが正しく解釈しているとして）左端の婦人をリード夫人とすれば、中央がドーティー夫人、右端がウォース夫人ということになろう。(1) しかしこれまでの各種の絵図で知りえたところを総合的に勘案すれば、やはり左端の面長の婦人がドーティー夫人で、真ん中の丸顔の婦人がリード夫人である、というのが筆者の当面の推量である。しかしここまできたら、こうした人物同定はもはやあまり重要ではなかろう。

彼ら（彼女ら）の入港から現場に立ち会った加藤祐一や川路聖謨が云うように、異国から半世紀ぶりに日本の土を踏み、自由闊達に振舞った三人の婦人と二人の子供は、彼らに接触したほとんどの日本人を魅了した。アメリカは「すへて美女多き国」であり、「児共いずれも綺麗」というのが、下田において彼らに会った多くの日本人の感想であった。民間レヴェルでの日米交歓の近代史はここに始まった。

彼ら（彼女ら）を描いた記録や絵画は、なお多く日本中に眠っているであろう。「黒船来航図」がくわしく研究されているように、「カロライン・フート号婦人図」についても、もうしばらくは調べることがありそうである。

［註］

（1）　その場合、中央をドーティー夫人とする根拠のひとつは、川路聖謨の③が言及する胸飾りである。

第一章補論

エドワード・エジャトンの玉泉寺「銀板写真」とルイーザ・リード

ニューヨーク州ロチェスターのジョージ・イーストマン・ハウス国際写真美術館（GEH）に所蔵される大判（約一五×二〇センチ）の銀板写真いわゆるダゲレオタイプ（図補―1）を日本にはじめて紹介し（一九八五年六月一日付け「毎日新聞」夕刊）、これが幕末の下田・玉泉寺のアメリカ人墓地を撮ったものであることを明らかにしたのは（一九八六年一月一一日付け「毎日新聞」夕刊）、毎日新聞写真部の松村明であった。

この写真は誰が撮ったのか。当初から興味を引いたのが写真の中央下部に小さく「（衣装から外国人に見える）子供と犬らしきもの」が映っていることであり（図補―2）、これが重要な手がかりとされた。

幕末の下田に来た外国人の子供とは誰か。最も有名なのは、カロライン・E・フート号に乗ってやってきた六人の紳士と三人の婦人と二人の子供（と船長と九人のクルー）の一行であった。彼らは、（日米和親条約の主旨を誤解して）日本で捕鯨船向けの船具店を開く計画を立てたウィリアム・リードとトーマス・ダハティーに誘われ、フート号をチャーターしてホノルルを出帆して、一八五五年三月一五日（安政二年一月二七日）に下田に入った人々であった。たまたま大津波《おおつなみ》に会って難渋していたロシアの使節団に出会い、プチャーチンの強い要請もあって、ディアナ号の乗組員（のうち一五九人）を極東ロシ

図補−1　玉泉寺アメリカ人墓地のダゲレオタイプ（『写真の黎明』より複写）

図補−2　子供と犬か？（図補−1の部分拡大図）

アに帰還させるためにフート号を一時貸出すことになった。日本側の強硬な反対にもかかわらず、(「上乗り」としてロシア人に同行したダハテイーを除く)一〇人の乗客は、やや強引に玉泉寺に上陸・止宿し、フート号がカムチャツカから戻るまでのおよそ二ヶ月半を下田で過ごすことになった。

フート号の下田滞在期を基準に、この写真の撮影者の推定を試みた写真史家たちは、四人の候補者を挙げる。①ペリー艦隊に従軍した写真師のE・ブラウン Eliphalet Brown Jr.、②プチャーチンに同行した士官で、絵画や写真にも巧みであったアレクサンドル・モジャイスキー Alexander Feodorovich Mozhaiskii、③ロジャーズ司令官率いるアメリカ海軍・北太平洋測量遠征隊の旗艦ヴィンセンス号に測量技師として同乗し、一八五五年五月一三日に下田に入港して数日を過ごしたエドワード・カーン Edward Meyer Kern、④フート号の乗客の一人であったエドワード・エジャトン Edward A. Edgerton である。

まずブラウンについては、一八五五年二月にはアメリカへ帰国していたはずで、候補者から外れる。モジャイスキーは、玉泉寺の「眉毛和尚の肖像」写真を撮ったことで有名であるが、今回の写真の焦点が「アメリカ人墓地」であること、この前後の彼は戸田《へだ》にいた可能性が高いことから、除外されるであろう。

この撮影者をカーンであると同定したのは、GEHのスタッフであるウィリアム・スタップ William F. Stapp であった。一九九二年春、東京都写真美術館における「写真の黎明」展のカタログ解説において、この「現存する最古の風景写真」の技術的特徴を詳細に検討し、「絶対的証拠はないものの、状況資料から、この写真はカーンの作品だと思われる」と述べた。

その後、日本の幕末・明治期の写真史を広く精査したイギリス人写真史家のテリー・ベネットは、近年になって、これが、これまで永く無名であったエジャトンの作品である「可能性が最も高い」と結論付けた。

これまで写真家としてはほとんど知られるところのなかったエジャトンについては、パルムクイストとカイルボーンの写真家人名録（二〇〇〇年）、それにつづくベネットの研究（二〇〇六年）によってようやく概要が見えつつあるが、その日本旅行については、ヴァンザントによる優れた、しかし必ずしもあまり知られていない研究に頼らなければならない。

一八二七年（頃）生まれ、マサチューセッツ州出身の弁護士であったエジャトンが、一八五一年、二四歳（頃）からサンフランシスコに来ていたことは、同年の国勢調査により確かめられる。その彼が、一八五四年一一月にハワイに渡ったのは、彼の言葉によれば「ヤンキー国民に特有の、冒険を求めた放浪精神にとりつかれて」のことであったという。ホノルルでリード達の誘いに乗ってカロライン・フート号の乗客になったのも、この精神によるところであったと思われる。ただ日本行きに際して、「未知でこれまで接触不能であった国・日本の風景と人物を撮るという目的で、完全な写真装置一式、それに高級な器具類および薬品類、等々を合衆国海軍勤務のアマチュア仲間から買った」のが彼の人生を変えた。

「これが私の写真術における最初の体験であった。しかしアマチュアとしては大いに成功したと思う。和親条約への違反をもたらした日本側の不信がなければ、もっと上手くいったであろう。」日本からの帰途、グアムで「南洋の美しさと豊かさ」に引かれてフート号を下船したエジャトンは、その後半生を、写真師としてフィリピン、シンガポールを経巡《へめぐ》って過ごすことになる。

彼が、日本行に際してはじめてダゲレオタイプの写真機を手に入れ、アマチュアとして撮影をはじめたとすると、テリー・ベネットが指摘する「玉泉寺のアメリカ人墓地」の技術的な高さにやや疑問が残る。またエジャトンが撮影したとするならば、これ以外にも日本の「風景・人物」を撮ったダゲレオタイプがあってしかるべきであるが、まだ見つかっていない。しかし、筆者（山本）もまた、さまざまな状況証拠から、「玉泉寺のアメリカ人墓地」はエジャトンの作品だと考える。

それでは「外国人と思われる子供」とは誰か。フート号の下田滞在を前提とするかぎり、ウィリアム・リードが妻ラヴィーンとともに伴ってきた二人の子供、九歳の男児のウィリアム・ジュニアと五歳の女児ルイーザのどちらかでなければならない。先に挙げたいくつかの子供の図のなかから判断して、図1-7のウィリアム（ビル）でもよいが、帽子の形状からすると、図1-6（2）に見える妹のルイーザの可能性が高い、というのがいまの筆者の判断である。彼らがペットとして犬と鹿を連れていたことについても、第一章で述べた。

ただしかし、以上の「エジャトンとルイーザ説」には重大な異議申し立てが早くから存在する。下田の郷土史に詳しい肥田喜左衛門が、一九九二年（前述の）「写真の黎明」展を見た後に行った検討によれば、この写真では墓石が四基で、一八五八年七月三〇日に死亡したミシシッピ号乗組みの海兵隊員A・ドゥーナン Alexader Doonan の墓石がないほかは、現在の墓地と同じといってよい。初代領事ハリスが一八五六年八月から玉泉寺に領事館を置いた時、アメリカ人墓地は非常に手狭であったので、ドゥーナンの埋葬と合わせて彼が墓地の拡張を図り、五名の被葬者を階級順に並べ替えさせたに違いない（という）。したがってこの墓地の状況は、ドゥーナンの死去から彼の墓石が建てられて今日のアメリカ人墓地の景観ができた時点まで、一八五八年の八月から翌五九年の初めでなければならない。そうであるとすれば当然のことながら、この写真の撮影時期はカロライン・フート号の下田滞在期と合致しない、スタッフが主張する「カーン撮影説」も当たらない、というのが結論であった。写っている「子供と犬らしきもの」について、肥田は意見を保留している。

下田開国博物館の尾形征己も、撮影の時期については肥田説を受け継ぎつつさらに精緻化し、撮影時期を一八五八年九月一二日から数日の間と特定している。撮影者はだれか。尾形はこれを九月一三日から一八日に下田に入港したフランス遣日使節団グロ男爵 J. B. L. Gros の艦隊の一員かと推測する。また「帽子をかぶった子どもらしき人物と犬様のもの」についても、単純に「玉泉寺近くの子供と犬」でもよいではないかという。

「玉泉寺墓地」を撮った一枚の銀板写真は、まだまだ多くの謎を秘めている。しかし以上の筆者の考察が当たっているとすれば、カロライン・フート号の乗客については、第一章に示した七種類の絵画に加えて、もうひとつ、新たな画像資料が見つかったことになる。何か僅かなきっかけがあって、このダゲレオタイプの謎を解く鍵が見つかることを期待したい。

〔参考文献（編著者姓のアルファベット順）〕

Terry Bennett, *Photography in Japan, 1853-1912*, Tuttle Publishing, 2006.

肥田喜左衛門「玉泉寺米人墓の銀板写真《ダゲレオタイプ》」『（季刊）下田帖』第二六号、一九九二年四月（のち『肥田実著作集―幕末開港の町下田』下田開国博物館、二〇〇七年に収録）。

尾形征己「玉泉寺米人墓の銀盤写真―撮影者と時期の推定―」下田郷土史研究会会報『ふるさと下田』第七一号、二〇〇九年一月。

小沢健志（編）『幕末　写真の時代』筑摩書房、一九九四年。

Peter E. Palmquist and Thomas R. Kailbourn, *Pioneer Photographers of the Far West: A Biographical Dictionary, 1840-1865*, Stanford University Press, 2000.

東京都写真美術館（編）『写真の黎明』、同館、一九九二年。

Howard F. Van Zandt, *Pioneer American Merchants in Japan*, Lotus Press, 1980.

第二章

ロジャーズ司令官の下田と箱館

―カロライン・フート号「居留問題」を中心に―

はじめに

鎖国日本を西欧世界に開かせるにあたって、ペリー艦隊と並んでアメリカ海軍が派遣したもうひとつの艦隊に「北太平洋測量遠征隊」があった。この両者の成果を総括して、歴史家のジョン・C・ペリーは次のように言う（ジョン・C・ペリー『西へ！―アメリカ人の太平洋開拓史―』、PHP研究所、一九九八年、一四九―一五〇ページ）。

ペリーが戦略を追求したのに対し、もう一つのアメリカ海軍による北太平洋偵察であるリンゴルドとロジャーズの探査は、科学を追及したものだった。この探査は、日本と琉球に限られたペリーのよりもはるかに広い地理的視野を持っていた。しかしドラマとしては、ペリーの大勝利だった。大衆の想像力をかき立て、歴史家にペンを取らせたのはペリーの方だった。

北太平洋測量遠征隊の観測データは、ハワイ周辺からベーリング海と東シナ海を結ぶ広大な「未開の」海洋に関する科学的成果とともに、この海域に展開する貿易船・捕鯨船はじめ多くの船舶の航行に実用的恩恵をもたらすものであった。[1] しかしロジャーズ司令官指揮下のこの測量遠征隊は、実は日本との外交的交渉においても、ペ・リ・ーとハ・リ・ス・を繋ぐふたつの重要な役割を果たしている。その第一は、日本近海の海洋測量をめぐる幕閣との交渉過程で、結果的に幕府内の「開国論」に刺激を与え、後のハリスとの「通商条約」に国内的な下地を準備したことである。またその第二は、ペリー条約を拡大解釈して早速に来日したアメリカのパイオニア商人と日本側とのトラブルに遭遇して、いまだ外交代表をもたないアメリカ市民を保護・弁護する役割を果たし、かつ本国政府への詳細な報告によって、やがて来日するハリスの状況把握に大きく寄与したことである。(2)

アメリカン・パイオニアの代表、カロライン・フート号の冒険旅行についてはすでに第一章で触れた。本章では、主にロジャーズ司令官の報告類とそれが与えた影響を検討することで、この第二の問題、特にアメリカ市民の「居留（上陸・止宿）問題」を中心に、ハリスに与えられた任務について、また「通商条約」の前提となる「下田協約」締結の意味について、若干の考察を加える。

〔註〕

（１）もちろんペリー艦隊の任務の一部には日本近海における海図作成と水路情報の収集が含まれていたから、二つの艦隊任務を外交戦略と測量事業に対比しすぎることには、注意を要する。後藤敦史「一九世紀アメリカ合衆国による測量事業と幕末日本―ペリー、ロジャーズ、そしてブルック―」『日本史研究』第六三四号、二〇一五年六月。後藤敦史「アメリカの対日外交と北太平洋測量艦隊―ペリー艦隊との関連で―」『史学雑誌』第一二四編第九号、二〇一五年九月。なお、北太平洋測量遠征隊の海洋調査については大阪大学「外邦図研究グループ」による研究が進行中と聞く。

（２）この艦隊の出現が「日米交渉史」で果たした第一の役割については、後藤敦史「幕末期通商政策への転換とその前提―アメリカ北太平洋測量艦隊の来航と徳川幕府―」『歴史学研究』第八九四号、二〇一二年七月（のち、後藤敦史『開国期徳川幕府の政治と外交』有志舎、二〇一五年、第五章、所収）、また同じく第二のそれについては、嶋村元宏「下田におけるハリスの政策」横浜開港資料館・横浜近世史研究会（編）『一九世紀の世界と横浜』山川出版社、一九九三年、を見よ。

一　北太平洋派遣合衆国測量遠征隊[1]

一八五三年六月一一日、リンゴールド中佐 Commander Cadwalader Ringgold 率いる五隻の艦隊からなる「北太平洋派遣合衆国測量遠征隊」が、ヴァージニア州ハンプトンローズを出港した[2]。主要な目的は、カムチャツカから日本、中国に亘る北西太平洋海域の海図を作成すること、また将来を見据えてカリフォルニアと中国を結ぶ蒸気船ルートを探査することであった。

艦隊は東廻りで喜望峰を廻り、（船の故障に悩まされながらも）オーストラリア、ジャワ方面で若干の調査を行った後、一八五四年三月のヴィンセンス号を先頭に、五月末には全艦が香港に集結した。しかし、リンゴールドの体調不良と、折悪しく「太平天国」の最盛期に際会したことで、調査計画は大いに狂うことになった。

中国に於けるアメリカ人保護は「東インド艦隊」の任務であったが、日本との条約締結をはやるペリーは、一月にはその艦隊を引き連れて日本に向かってしまった。在留商人からの強い要請によって、その任務を測量艦隊が引き受けることになり、しばらくは艦船を上海・広東地域に展開した。

司令官のリンゴールドはマニラで熱病に罹ったあと心身の不調をきたし、ために艦隊の秩序は乱れ、隊員に不満が充満しつつあった。一八五四年七月に日本から香港に戻ったペリーがこの事態に介入し、八月一一日には彼の職務を解き、代わりにロジャーズ大尉 Lieutenant John R. Rodgers を後任の司令官に就けた。ロジャーズはケネディ号を広東警備に残すことにし、四隻の艦隊で日本近海調査に出発する準備をはじめた。ところがそれに先立って、ハンコック号とクーパー号は、北京との交渉のために外交団を白河（Peiho）河口まで送迎する任務を与えられて出発し、この間ヴィンセンス号とポーパス号は台湾・沖縄・九州方面の調査を行うこととした。不幸にも九月二一日、台湾沖において秋台風のためにポーパス号を失うことになったが、ヴィンセンス号は予定通り調査を続け、一一月一七日には那覇港に入り、一二月二五日にはついに鹿児島の山川港に入った。ロジャーズの予想とは異なり、鹿児島では観測を許すどころか、乗員の上陸すら阻止された。ロジャーズはやむを得ず「日本王国外務大臣」（the "Honourable Secretary of State for Foreign Affairs, Kingdom of Japan"）宛ての書簡を託して、一旦退却することにした。[3] 一八五五年一月末、ヴィンセンス号は香港に戻り、二月にはハンコック号とクーパー号も合流した。

一八五五年四月、いよいよ日本近海調査に着手することになり、三艦は順次香港を出港した。また、船用品と石炭を運ぶためにブレーメン船籍のブリグ型帆船・グレタ号 *Greta* をチャーターし、箱館において合流する契約を済ませた。[4] 艦隊は那覇に終結した後、クーパー号は日本海側を通って箱館に向かうよう指示され、旗艦ヴィンセンス号と蒸気艦ハンコック号はまず下田を目指すことになった。

［註］

（1）ここで「北太平洋派遣合衆国測量遠征隊」と呼ぶところは、実は英語でも日本語でもさまざまに表記されて、やや紛らわしい。正式名称は、The United States Surveying Expedition to the North Pacific Ocean, Behring's Straits and China Seas すなわち「北太平洋、ベーリング海峡ならびに中国海域派遣合衆国測量遠征隊」であろう。以下では、場合によって「測量遠征隊」「測量艦隊」「ロジャーズ遠征隊」などとも呼ぶ。

本節については、後藤、前掲諸論文、ならびにその基本資料となった、Allen B. Cole (ed.) *Yankee Surveyors in the Shogun's Seas, Records of the United States Surveying Expedition to the North Pacific Ocean, 1853-1856*, Princeton University Press,

1947; Robert Erwin Johnson, *Rear Admiral John Rodgers 1812-1882*, United States Naval Institute, 1967; John H. Schroeder, *Shaping a Maritime Empire: The Commercial and Diplomatic Role of the American Navy, 1829-1861*, Greenwood Press, 1985. に拠る。

（2）旗艦としてスループ型戦艦のヴィンセンス号 *Vincennes*、バーク型スクリュー蒸気艦ジョン・ハンコック号 *John Hancock*、ブリッグ型のポーパス号 *Porpoise*、スクーナー型補給船のフェニモア・クーパー号 *Fenimore Cooper*、バーク型輸送船のジョン・P・ケネディ号 *John P. Kennedy* の五隻。なお別に、大型艦載艇としてヴィンセンス・ジュニア号 *Vincennes Junior* があり、後に（第三節で）触れるように、ブルック大尉が乗組んで海洋調査に活躍した。

（3）R. E. Johnson, *op.cit.*, pp.122-124; A. B. Cole, *op. cit.*, p. 48.

（4）ブレーメン船籍のグレタ号と船長のゲオルゲ・タウロフ George Thaulow ならびに「上乗り」のハンブルグ商人フリードリッヒ・リュードルフ Fr. A. Lühdorf の日本滞在記については、『グレタ号日本通商記』（中村赳訳「新異国叢書」第Ⅱ輯3、雄松堂出版、一九八四年）に詳しい。またその背景については、福岡万里子『プロイセン東アジア遠征と幕末外交』東京大学出版会、二〇一三年、二九〇ページ以下、参照。

二　カロライン・フート号の下田

一八五五年五月一三日（安政二年三月二七日）、二隻の軍艦の入港は、下田の人々を驚かせたが、測量隊の一行もまた、眼前の光景に大いに驚かされた。ロジャーズたちも、頑固なヤクニンとディアナ号のロシア人の存在は予想していたであろうが、三人の夫人と二人の子供を伴った五人のアメリカ人紳士が下田に滞在しているとは思いがけないことであった[1]。

ウィリアム・リード William Reed をリーダーとするこの一行は、ペリー条約の締結を聞くや直ちに箱館での商売を思い立ち、ホノルルで一四五トンの小型スクーナー船カロライン・フート号 *Caroline*

E. Foote をチャーターしてやってきた冒険心溢れるヤンキー商人たちであった。箱館の開港日を待つあいだ、一八五五年三月一五日（一月二七日）に下田に立ち寄ったフート号は、プチャーチンの要請を一稼ぎの機会ととらえて、一五九人のロシア兵をカムチャツカへ輸送する契約を結び、とりあえず乗客の一〇人と積荷を柿崎・玉泉寺に残して、三月二六日（二月九日）には下田を出港してしまった。ディアナ号乗員の帰国問題に頭を悩ませていた幕府側としては、フート号乗客の上陸・滞在にはとりあえず目を瞑ったものの、緊急避難性のないアメリカ市民の長期の滞在を（したがって自由な貿易を）認めるつもりはなかった[2]。

プチャーチンがいて幕府との間を仲介し、幕府を牽制してくれていた間はまだ良かった。戸田で建造していたヘダ号が完成して、五月八日（三月二二日）に第二陣のディアナ号首脳が帰国することになると、幕府側の圧力は一層増すことになった。

四月二二日（三月六日）には、下田奉行所の支配組与力・合原《ごうはら》猪三郎、普請役・森山多吉郎、目付・中川鉄助が「多くの下僚とともに」玉泉寺を訪れ、リードやドーティー等に対して直接審問を開始した。まず「当地渡来上陸止宿の趣意」如何という問いに対する「亜人リート」の返答は次の通りであった[3]。

「元来私共渡来ノ趣意ハ、本国鯨漁船等北海辺往航イタシ、自国ノ食料等乏《とぼし》敷キ砌《みぎり》売渡候為メ、箱館ヱ罷越候覚悟ニテ、当所ヱ立寄候処、魯西亜使節本船沈没帰国ノ方便之無《これなく》、スクーネル船借受度キ趣ニ付、私共乗船罷在《まかりあり》候テモ差支《さしつかえ》候間、当分上陸止宿《ししゅく》仕リ、魯西亜人帰国ノ儀扶助イタシ候。殊更下田箱館止宿ノ儀ハ、条約書ニ記載之有候《これありそうろう》ニ付、旁以上陸イタし船中居間を明遣し候儀ニ御座候。」

ここでは、渡来の趣旨が箱館において捕鯨船相手の船用品店を開くことであること、ロシア人の要請によりその帰還を助けるためにスクーナーを貸出したこと、自分たちの止宿は船の戻るまでのごく短期であることを申し立てているが、重要なことは、ペリー条約第五条にいう「当分の逗留 temporarily living」を持ち出し、合衆国市民の「上陸止宿の許可」は条約の明記するところであると強く主張したことである。これに対して日本側は、「右ハ漂民《ひょうみん》之儀ニテ、亜墨利加人《あめりかじん》共随意ニ上陸止宿之廉《かど》ニ之無《これなく》」と反論したが、議論は平行線をたどった。

合原らはその後、再三にわたって、今回の上陸・止宿があくまでロシア人扶助のための臨時措置であること、フート号帰着とともに（あるいは別にアメリカ船の入港があればそれに便乗して）直ちに出立することを確認する奉行宛の誓約書を書かせようと奔走した。結局、満足した答えが得られなかった彼らは、五月七日（三月二一日）にいたって再度（正しくは四度目に）玉泉寺を訪れ、全員を集めた上で、次のような通達を行った。（1）もし申立ての日時迄にフート号が戻らない時には、次のアメリカ船が渡来次第「彼是《かれこれ》を不謂《いわず》」退去すること、（2）今回の事例はあくまで「無余儀場合《よぎなきばあい》」として差置くことにするが、今後これを前例として止宿を申立ててはならないこと、（3）これは「箱館表《おもて》」についても同様であるから左様心得るべきこと。この通達は、全員を前に口頭で読み上げられたのち、文面が寺門に掲示されたという。(4) これに対してリードは、直ちに同日付けで下田奉行宛の書簡を送り、「アメリカの自由な市民として、われわれの利益に絡む事柄に関して、貴殿あるいは自国を含むいかなる政府に対してさえ、自分のことを自分で決める権利を譲歩するつもりはありません」と返答した。

そうしたなか、五月一三日（三月二七日）に測量艦隊の二艦が下田に入ったことは、リードたちを大いに勇気づけた。彼らは直ちにロジャーズ司令官に面会して窮状を訴えるとともに、五月一七日（四月二日）には改めて書簡を送ってこれまでの経緯を説明し、「今ここにはアメリカ領事も弁務官もいないので、われわれは貴殿に苦情を申し立て、保護を要請いたします」と結んだ。(5)

［註］

（1）プチャーチン Commodore Evfimii V. Putyatin に率いられたディアナ号 *Diana* の下田入港とその遭難、五〇〇名におよぶ一行のロシア帰還について、またペリー条約の締結を聞いて日本を目指した六人の紳士の物語については、第一章参照。なおフート号のカムチャツカ行きに際しては、リードとパートナーを組んだダハティー Thomas T. Dougherty が監督のため同行したから、下田に残った紳士は五名であった。

（2）すでに早くも安政二年二月三日（一八五五年三月二〇日）には下田奉行からアメリカ人上陸のことが幕府に報告され、六日には老中達をもって「米人ノ在宿ヲ拒絶」することを命じている（『維新史料稿本』四一四―三、『幕末外国関係文書』九―六六）。

（3）『幕末外国関係文書』九―二三〇。

（4）『幕末外国関係文書』一〇―四八、一〇―四九。この通達（布告）はリード等をよほど刺激したと見えて、その後リード書簡の添付資料として新聞各紙を通じて広く流布した（『外国新聞に見る日本』第一巻本編、七九ページ、第一巻原文編、八五ページ）。『ペルリ提督日本遠征記』第二〇章「附記」や、『グレタ号日本通商記』附録二、にもその全文が引用されている。以下、『外国新聞に見る日本』からの引用は、「原文編」に従い、「本編（翻訳編）」を参考にして行った筆者訳である。

（5）Cole, *op. cit.* p. 103.『外国新聞に見る日本』第一巻本編、七九ページ、第一巻原文編、八五ページ。コールはこの書簡を五月一一日付けとしているが、ニューヨーク・タイムズ紙による五月一七日付けが正しいであろう。

三　ロジャーズ司令官の下田

ロジャーズは下田に入って、幕府から沿岸測量の許可をえるという本来の目的のほかに、フート号乗客の止宿問題という新しい問題を抱えることになった。彼はそのいずれに関してもペリー条約によって認知された権利であると認識し、やや楽観的な見通しをもっていたようである。

入港当日の五月一三日（三月二七日）、下田奉行所の合原猪三郎らが旗艦ヴィンセンス号に乗り込み「渡来の趣意」を問いただしたのに対して、「御奉行様江御面会之上、別段書面にて可申述」と返答し、翌一四日（二八日）には「日本帝国江戸ニ於て外国之事を司る貴官」（the "Honourable Secretary of State of the Empire of Japan"）に宛てた書簡により、「海岸測量の件」を通告した[1]。

この書簡は、まず測量艦隊が「交易渡航之場所ニ之有候暗礁并島々等ヲ測量」のため二年前に五隻の船により結成されたことを説明したのち、アメリカ西海岸と中国との交易が盛んになりつつある現在、「日本島々之周囲ニ阿る難所之害」を避けるための「航路の通路測量」は日米両国に利するところであろうという。ところで「（和親）条約中第十个条ニ、我国之船危難ニ逢フ時ハ日本港江乗入へき許容あり」、されば「港之形勢を秘するハ、信義ニあらず、虚偽ニ近し」と弁じ、近海測量を条約による当然の権利と主張した。またさらに日本人を啓蒙していう。欧米では海図は「仁心ト政道の為」市販されているものであり、われわれの日本海測量を是非許容されたい。もし日本政府が役人をわれわれの艦隊に派遣して測量術を学ぶつもりがあれば、大いに歓迎する。さてしかし、もし日本政府がわれわれの測量を拒否し妨害するのであれば、「合衆国之プレシデントに於て、日本政府の好意あるとは思はさる事顕然」であり、プレシテントを敵とするであろうと脅迫して、書簡を結ぶ。

五月一七日（四月二日）には下田仮御用所にロジャーズら六〇人ほどが上陸し、下田奉行・伊沢美作守、都筑駿河守との面談を果たした。ロジャーズ書簡については江戸へ送って吟味するが、評議にはどの位かかるかわからないというのが奉行側の返答であった。これに対してロジャーズは、もし返答が手間取るようなら、「永々逗留も仕兼候間」一旦退帆して、「カムシャッカ氷海辺よりカリホルニア之内サンフランシスコ」まで行ってきたいが、それには五ヶ月ほどもかかるであろう（『幕末外国関係文書』一〇―一一六）。

この答えは日本側を喜ばせた。江戸に送られた書簡は、老中・久世広周から評定所一座、海防掛、大目付、目付に下げ渡されて、評議が命じられたが、結論は五ヶ月後の再航まで延引・保留するという得意の「ぶらかし」戦術に出た[2]。

ロジャーズは、幕府の制止を押し切って五月二一日（四月六日）戸田港へ回航し、最後に残ったロシア人の様子を視察した後、五月二八日（四月一三日）には突然下田港を出港して、艦隊の集合地である箱館へと向かった。ロジャーズの心中では、日本側の許可の有無にかかわらず、日本近海の測量調査は実行するつもりであった。そのため、すでにブルック大尉 Lieutenant John M. Brooke と一五人を乗せた大型艦載艇のヴィンセンス・ジュニア号を先発させ、下田から箱館にいたる海域調査を進行させていた。

さて話を少し戻し、ロジャーズが抱えたもう一つの問題、すなわちフート号乗客の「止宿」問題に移ろう。

五月一七日にリードらから保護を訴える書簡を受取ったロジャーズは、早速五月二〇日（四月五日）付けで下田奉行宛（To His Excellency The Governor of Simoda）に長大な書簡を送り、フート号乗客の主張を擁護しつつ、ここでも条約の国際的意味を日本人に啓蒙しようとする堂々たる論陣を張った。(3)

まず、条約というものが国家間の「誓書」であって、一方が他方の意思に反した解釈をすることはできないと念を押したのち、ペリー条約の第四条、第五条によって合衆国市民の「当分の居留temporarily residing」は条約の許可するところであると主張する。ついで欧米に於ける「居留」の意味を解説して、パスポートを持った市民が自由に外国を旅行するのは欧米の風習であり、また外国留学による学問交流も当然の事である、さらには欧米では外国人が他国に帰化するという風習もあると説く。

さて、当地に在るアメリカ紳士は、アメリカにおける正しい条約解釈に従って日本に来たようであるが、もし日本政府が彼らと違う解釈をするというのであれば、それはそれで権利である。ただし、日本政府がアメリカ政府に抗議するのであれば、日本皇帝陛下がアメリカ大統領に書簡を出す、あるいは日本の外交担当の最高責任者がアメリカの国務長官に書簡を出すのがよい。

「賢明な方法は、下田奉行と箱館奉行が性急な行動に出ず、辛抱されることではないかと考えます。アメリカ政府は公平で平和的な政府であり、強力で立派な政府であります。下田奉行、箱館奉行が日本政府の代理の形で書簡を書かれるのであれば、私がその書簡を届けます。……合意がなされる前に両奉行が条約に反するようなことを行わなければ、両国間の友情はよりつよくなるでありましょう。」

当該のアメリカ人は法を守って平和に暮らしており、夫人や子供を連れてきていることからも、自分たちの条約解釈を正しいと信じていることは明らかである。彼等をここで静かに暮らさせてほしい。

「私は自己の行動を逐一政府に報告することになっています。この書簡の写し、いま日本に居留している当該アメリカ紳士と閣下とのやりとりの写しを、箱館からアメリカに送るつもりでいます。(4)」

五月二七日（四月一二日）、待ちに待ったフート号が下田に帰港した。この日、ロジャーズ艦隊は出港を予定していたが、天候不順で延期し、玉泉寺では帰還と歓送の大パーティーが開かれた。翌二八日（一三日）ヴィンセンス号、さらに二九日（一四日）にはハンコック号が箱館に向けて出港した。結局、ロジャーズ艦隊が再び下田に戻ることはなかった。

ロジャーズ艦隊の箱館行きを前にして、リードとダハティーは五月二〇日付けで箱館奉行宛の請願書を書き、これをロジャーズ司令官に託して、先に届けてもらうことを依頼した(5)。

「われわれは、将来毎日のように入港するであろうアメリカ船に対して、日本では調達できない必需品の補給を行うつもりで居ります。」

「われわれは家族を連れてきていますので、住居および商品を保管する建物を必要とします。……われわれが箱館に到着してホテルや宿がない場合、われわれ家族が居住でき、また商品を保管するに適切な場所を、閣下が選択して下さるものと信じております。」

［註］

（1）日文は『幕末外国関係文書』一〇―九二、英文は A. B. Cole, *op. cit.*, pp.49-52。ジョンソンによれば、この書簡は、ロジャーズが山川から香港に戻った二月に草案が作られ、合衆国中国駐在弁務官代理のパーカー博士 Dr. P. Parker, acting United States commissioner to China に送って、中国語に翻訳してもらい（R. E. Johnson, *op. cit.*, pp. 122-124）、オランダ語訳とあわせて下田奉行に提出されたらしいが（A. B. Cole, *op. cit.*, p. 14）、詳細は不明。日本側の文書には堀達之助と志筑《しづき》辰一郎が「和解《わげ》」し、森山多吉郎が「一覧」したとされている。

（2）幕府としては、下田奉行にたいして「回答延引」を指示して当面は糊塗したものの、五ヶ月後にはロジャーズ艦隊が再来して返答を要求するものとして苦慮した。この前後の幕閣内の議論とその意義については、後藤、前掲論文「幕末期通商政策への転換」参照。

（3）『幕末外国関係文書』一〇—一三八、Cole, *op. cit.*, pp. 106-111、『外国新聞に見る日本』第一巻本編、七九–八一ページ、および第一巻原文編、八五–八七ページ。

（4）フート号「止宿問題」に関するロジャーズからドビン海軍長官 James C. Dobbin, Secretary of the Navy への報告については、箱館から送られた六月一一日付と六月一九日付の二通の公信（とその付属資料）に詳しい。Cole, *op. cit.*, pp. 57-66, pp. 99-119.

（5）『外国新聞に見る日本』第一巻本編、八一ページ、および第一巻原文編、八七ページ。

四　ロジャーズ司令官の箱館

ロジャーズ司令官とヴィンセンス号は六月七日（四月二三日）に箱館に入り、艦隊が集結した。那覇で別れたフェニモア・クーパー号が日本海経由で無事に着いたこと（少し遅れて太平洋岸の調査に従事したヴィンセンス・ジュニア号が追いついてきたこと）、そして香港において物資輸送のためにチャーターしたグレタ号が先着していたことがロジャーズを喜ばせた。

箱館には予想外に多くの船が入っていたが、再び「止宿」問題でロジャーズの頭を悩ませることになったのは、バルチモアの捕鯨船レヴェレット号 *Leverett* であった[1]。六月二日に箱館に入ったこの船の乗組員の大半はカナカ人であったが、ホノルルで便乗させた二人のイタリア人と一人のフランス人は、箱館で酒場を開くつもりであったという。彼らは、多くのアルコール類とともに上陸する許可を求めたが、奉行所は当然の事として拒否した。当の三人と、すでに彼らに手を焼いていたレヴェレット号の船長との懇願によって、ロジャーズ司令官が仲介に入ることになったが、ここでも彼の侠気と楽観が問題を難しくした。

ロジャーズ司令官は、六月八日（四月二四日）、六月一一日（四月二七日）、六月一二日（四月二八日）と箱館奉行に手紙を送り、これら「米人止宿の件」につき許可を求めたが、日本側は断固拒否した。すでに一度強行上陸をして連れ戻されるなど、騒ぎをおこしていたこのフランスとイタリアの「放浪の騎士」を「亜墨利加人」と思わせたことが、ロジャーズを縛った。一二日付けの書簡では、近日下田から商船カロライン・フート号が箱館へ回航予定であるが、この船が入港すれば、問題の三人組を必ず引き受けると約束して、彼等の上陸と一時止宿を奉行に強く求めた。奉行側は、これを担保として三人に仮の宿舎を与えて上陸を認めたが、これはやがてカロライン・フート号の行動を縛ることになった。

さて六月一四日（五月一日）、カロライン・フート号が箱館に入港した。ロジャーズは、下田で預かったリードとダハティーの箱館奉行宛の請願書にそえて自らが下田奉行宛に送った書簡の写しを箱館奉行に提出するとともに、「同国人ドーチー夫妻等男女七人の為に上陸止宿を請」い、さらに翌六月一五日（五月二日）付けで「条約の个条ニ基き、当分箱館ニ居住スルタメ、亜米利加人等合衆国より来レリ、此者等貴国政府且法度ニ随ひ、市街ニ当分居住スルヲ許容あらむ事を我願ふ」と口添えした[2]。

フート号乗客もロジャーズ司令官も、下田での経験を生かせば、箱館における止宿問題の説得は意外に簡単に片付くと予想していたフシがある。しかし、同じく下田の情報を得て準備していた箱館奉行（竹内下野守保徳）は、意外に強硬であった。

竹内は、リード&ダハティー書簡とロジャーズの下田奉行宛書簡を受け取るとすぐ、六月一五日（五月二日）には（蘭文を添えた）返書をしたためた。すなわち、受取った両書簡はただちに江戸「政府」に送付して「御下知」を待つことにするが、「夫迄ハ難船漂流之外、際限なく差置候儀ハ承届かたき旨」をすでにお答えした。ところがそちらは、こちらの主張を書面にして提出すればアメリカ政府に送るが、そうなれば軍船を差し向けることになるであろうと脅しをかける。下田の場合はロシア船の帰還という非常事態への応急措置であったのであり、今回のそちらの言い分は「一円其理《ことわり》分り兼候」、と堂々たる反論を行っている（『幕末外国関係文書』一一―八四、Cole, *op. cit.*, p.111.）。

竹内はさらに六月一七日（五月四日）付け書簡において、条約に定められた「当分の居住」の「当分といふ意は、五日或ハ七日、多きも一月二月ニ過さル事ニテ、漂民ナト止む事を得さる事情ニテ、仮ニ寄宿せん事を許しタル儀ト心得候」と、条約第五条についての日本側の解釈を具体的に示した。さらにこの書簡の後半では、フート号が来たら引取る約束になっているレヴェレット号の三人の件はどうなっているのかと、ロジャーズに追い討ちをかける（『幕末外国関係文書』一一―九二、Cole, *op. cit.*, p. 113）。

この書簡は、調役・力石勝之助に通詞・名村五八郎らが付き添ってヴィンセンス号に届けられたが、その際ロジャーズと長時間にわたって条約の解釈、その他についての意見交換を行った。ロジャーズは「此会議ハ最も重切なる事件ニして、共ニ誤解をも生せん事を恐レ」てメモランダムを作り、本国に報告すると共に、その英文の写しを奉行に送っている（Cole, *op. cit.*, pp. 114-116、『幕末外国関係文書』一一―九八）[3]。

以上の交渉の結果、ロジャーズとしては日本側の解釈を容認するわけにはいかないが、これ以上の調停は無理であると考えたのであろう。竹内書簡と力石会談の翌日六月一八日（五月五日）、彼はフート号乗客をヴィンセンス号上に集めて日本側の拒否を伝え、さらに翌一九日（六日）付け書簡をもって、その内容を次のように伝えた（『外国新聞に見る日本』第一巻本編、八一ページならびに第一巻原文編、八七ページ）。

まず、（１）箱館奉行から、当分の「居留」に関する日本側の解釈が「五日から七日間、あるいは最長でも数か月」であると告げられたこと、（２）自分としては、正しい手続きを踏まないで居留期間を定義することはできないと返答したこと、を述べた後、（３）（リード氏とその家族以外に対しては）期間さえ前もって定めるなら、箱館に数ヶ月滞在する許可は簡単に得られるように思われる、[4]（４）しかしその期間を過ぎると、日本側は諸君を強制退去させる可能性があるとして、次のような忠告をもって書簡を閉じている。

「諸君が陸で捕まり、日本官憲によって強制的に船に戻されたとして、これを拒否することは、決していい解決にはならないと思う。アメリカ国民が、一国家に対して、個人的に刃向かうことは許されていない。アメリカ政府が支援してくれるのは、正当な言い分がある事柄に関してのみである。この条約が諸君にとって不利な形で破られたと合衆国政府が判断した場合には、政府は諸君に代わって相応の賠償を請求すると信じて疑わない。アメリカ政府が日本人のほうが正しいと判断した場合には、諸君の来日が性急すぎたということになろう。」

このやや突き放した勧告に対して、フート号乗客は大いに怒った。リードとダハティーは直ちに連名でロジャーズに対して次のような抗議の書簡を送った（Cole, *op. cit.*, pp.117-118、『外国新聞に見る日本』

第一巻本編、八一―八二ページならびに第一巻原文編、八七―八八ページ)。[5]

自分たちは「貴殿の保護のもとに自分たちを置き、貴殿のすぐれた判断と機転に任せれば、日本における居住場所が確保できるだろうと思っていた。」しかし本日の貴簡により、「貴殿の判断に従っておとなしく立ち去る以外手は無くなった。」

その結果「われわれはこの辱めを甘んじて受け、日本政府の卑劣極まりない強情な態度に屈することになるが、財産すべてを投じ、家族の生命を賭け、多くの困難に耐えて実現しようとした商取引に対する妨害は、われわれが清算しうるところをはるかに越えた損害を生む可能性がある。したがってわれわれは、日本政府の措置、われわれの安穏な一時的居住を妨げ、われわれの取引を妨害した彼等の権利に対して厳重に抗議する。またこの日本政府側の拒否から生じたすべての損害については、アメリカ政府にその責任があると考える。以上をもって日本政府に対するわれわれの全面的抗議とし、いついかなる場所においてもこの抗議を開示する権利を保留するものとする。」

リードら三人は、六月二五日にヴィンセンス号に乗船し、ロジャーズ司令官の面前において日本政府に対する正式抗議書を提出した。ロジャーズは同日これを箱館奉行・竹内下野守に転送するとともに、奉行と長い面談を行い、市民の権利としての政府に対する「抗議」の意味を説明した。しかし結局、議論は平行線をたどった。(Cole, *op. cit.*, p.118、『幕末外国関係文書』一一―一二五、一一―一二六、一一―一二九)。[6]

ロジャーズ司令官は、六月二五日付けで「在箱館アメリカ市民」に宛てて最後の説明と弁明の書簡を送った(Cole, *op. cit.*, pp.118-119、『外国新聞が見た日本』第一巻本編、八二ページ、第一巻原文編、八八ページ）。

「私の仲介は、どうやら諸君には手緩く映ったらしい。しかし当地の箱館奉行は単なる官吏に過ぎず、自らの責任で行動することはない。私の要求を聞き入れさせるには、江戸へ行って、「皇帝」の恐怖に訴えるしかないようである。私の命令で箱館を占領することは簡単だろう。しかし私に委任されている武力はそのような目的のためではなく、アメリカ市民が虐待を受け、それを是正するために使い得るものである。」

「私は、箱館奉行に対して、個人的虐待につながる無法が続くようだったら、海岸に武器を持った兵員を送り込む旨の通知を行った。しかし、条約の解釈は、あくまで両国政府に委ねられるべきものである。なぜなら、これは公的な不法であって、個人的なものではないからだ。」

「私は諸君は冷遇されたと思うが、諸君の体験や損失から分かるように、この条約から価値ある結果を期待することは必ずしもできないかもしれない。日本側の条約の解釈からすれば、われわれが得られるのは、薪、水、船舶の避難場所くらいだろう。私は諸君の同胞アメリカ人として、諸君の陳情をアメリカ政府に報告し、信頼できる人の手に委ねることを約束する。」

船具店を開くという計画はおろか上陸さえ許されず、退帆を余儀なくされたリードたちに、さらに厄介をもたらしたのは、レヴェレット号が残した三人の「ラテン人」の問題であった。ロジャーズが日本側と交わした約束では、フート号が入港し次第、三人は仮宿舎を引払って乗船し、退去するということであったが、これが三人組にもフート号にも十分通じていなかったらしい。フート号乗船を拒否する三人組には「強い手段をとる」と脅して、六月二六日（五月一二日）には乗船を果たさせた。またリードには、彼が希望する積荷のラシャを米二〇〇俵と交換することを日本側に認めさせることを提案し、「利」をもって納得させた。二週間にわたって箱館を騒がせたカロライン・フート号は、リードらの「大立腹」を乗せて、六月二七日（五月一四日）サンフランシスコへ向けて出帆していった。
測量艦隊もまた、六月二八日（五月一五日）から二九日（一六日）にかけて順次箱館を出港し、北へ向かった。箱館奉行・竹内保徳はもちろん、海に出たロジャーズ司令官も、ひとまず肩の荷を下ろした気分であったことであろう。

［註］

（1）レヴェレット号乗客に関する「止宿問題」については、Van Zandt, *op. cit.*, Chap. 9、『函館市史』通説編第二巻、六〇ページ、等。またこの件に関しては、現場で目撃し関与したリュードルフの手記『グレタ号日本通商記』に興味ある事実が描写されている。ロジャーズ側の記録としては、ロジャーズ司令官から海軍長官ドビンへの一八五五年六月二五日付け公信およびその付属資料に詳しい（Cole, *op. cit.*, p.120 ff.）。また、日本側の記録としては、『幕末外国関係文書』一一—七四、一一—四二、一一—四六、一一—四九、一一—一三〇、一一—一三三。

（2）『史料綱要』二一—五七、『史料稿本』四六三—一四、『幕末外国関係文書』一一—八五、一一—八六、一一—一三五、ロジャーズに関する記録としては、Cole, *op. cit.*, p.111 ff.

（3）力石・ロジャーズ会談には、オランダ語に通じたグレタ号の「上乗り」リュドルフ（フリードリッヒ・リュードルフ）、船長のゲ・タウロン（ゲオルゲ・タウロフ）、操舵手のベズワルト（詳細不詳）の三名が同席して、英語をオランダ語に直し、それをオランダ通詞の名村五八郎がオランダ語から日本語に通訳して成立したものと思われる。『幕末外国関係文書』一一—九八。

（4）ここではリード夫人ならびに子供二人の上陸を忌避したものと思われるが、それであるとすると、ドーティー夫人についての言及がないことが怪しまれる。この書簡の名宛人に、他の乗客全員が挙がっていながら、ドーティー夫妻の名前が抜けていることも不思議である。

（5）新聞記事によればこの書簡の署名はリード&ダハティーであるが、コールによればホレース・ピーボディーも署名に加わっている。

（6）この会談により事態の重大性を認識した竹内保徳は、直ちに「原書二通并和解《わげ》共相添」えて老中（阿部正弘）宛に、条約条文の解釈について「御熟慮之上、早々御商議御座候様奉存候」と上申した（『幕末外国関係文書』一一―一二九）。これを契機に奉行所内部でも議論したのであろう、やがて「彼方の申条たしかなる様にきこえ可申哉」と一歩進んだ上申を行うようになり（『幕末外国関係文書』一一―一三五、一一―一三六）、幕閣の意思決定に大きな役割を果たすようになったと思われる。

五　ロジャーズ司令官の帰国

期間も経費も限られたなか、測量艦隊にはまだオホーツク・ベーリング海調査という大きな任務が残っていた。ヴィンセンス号は千島列島に沿ってカムチャツカのペトロパヴロフスクに至り、さらに北上してベーリング海峡に入った。ここでブルック大尉の小隊を陸上調査に残してさらに北極海に入り、ウランゲリ島 Wrangell Island を探したが失敗してここで引き返し、ベーリング海峡でブルック隊を回収した。このあとやや南下し、アリューシャン列島に沿って東に進み、サンフランシスコを目指して一〇月一三日に帰国を果たした。ベーリング海を省略して先にアリューシャン沿いにサンフランシスコを目指したフェニモア・クーパー号は、その二日前の一〇月一一日にサンフランシスコに入港していた。また、箱館で別れたジョン・ハンコック号は、北海道西海岸から宗谷海峡を経てオホーツク海の調査を行い、アムール河口を経て帰国の途に着き、一〇月一九日にサンフランシスコに入り、ここに測量艦隊は無事再集結を果たした。

ヴィンセンス号とロジャーズ司令官は一八五六年二月二日にサンフランシスコを出帆してハワイ、タヒチ諸島を調査した後、ホーン岬を廻ってニューヨークへ向かい、七月中旬にブルックリン海軍基地に帰還した。

ロジャーズは、その後、ワシントン国立天文台の海軍日本遠征隊事務局（the Navy's Japan Expedition Office, National Observatory in Washington）に属して、測量遠征隊の公式記録の作成に当たった。しかし、同じ事務局で編纂されたペリー遠征隊の記録が三冊の浩瀚な刊行物として世に迎えられたのに対して、こちらの公式報告書は（前司令官リンゴールドとの確執も影響して）ついに刊行には至らなかったという。

さて、ロジャーズとフート号との因縁は、両者のアメリカ帰国後もなかなか断ち切ることはできなかった。

フート号が一八五五年九月一七日サンフランシスコに帰港するや、リード等がサンフランシスコ各紙に寄稿し、ペリー条約に関する日本政府の対応に大いに不平を鳴らすキャンペーンを始めたこと、しかしその一方で、日本物産のオークションを大々的に開催し、大きな利益を上げたことについては第一章で論じた。またこの間の小さなトラブルとして、輸入日本物産の評価とその輸入関税について、サンフランシスコ税関との間に争いがあったことについても詳細は第三章で論ずる。

九月一七日サンフランシスコに入港したリードとダハティーは、積荷の税関申告に当たって次のように申し立てた。[1]これらの物産買付けは日本の「一分銀」で行われ、その総額は七、五四六分《ぶ》であったが、貨幣の実質比較で言えば一分は米貨三六セントにあたり（すなわち「一ドル＝三分替え」）、したがってこれらの評価額は二、七一七ドルとなり、その三〇パーセントにあたる関税額は八一五、一〇ドルである。

これに対して税関側は、実際に支払われたドルで申告しなければ荷物の引取りは許されないと通告した。一日も早くオークションを開きたかったリード&ダハティーは、やむなく（ペリーによる「一ドル＝一分替え」の取決めに従って）一分を一ドルで換算した書類を作り直し、評価額七、五四六ドル、関税額を二、二六三・八〇ドルとして申請し、荷物を引き取ることができた。

ところが、オークションが成功裡に終わった一〇月になって、リードとダハティーはこの輸入税査定を不当として裁判所に訴えた。この最中にロジャーズ司令官がサンフランシスコに到着したことは、リードたちを喜ばせた。関税における外貨交換率を確認する協議のために、ロジャーズは自分たちの経験を通じて、日本では銀一分につき一ドルの割合で支払いを行ったこと、しかし日本の一分銀が一ドル銀貨のわずか三分の一の量目しかないという供述書を、サンフランシスコ裁判所に宛てて提出したという。

この裁判は却下と上訴を繰り返したが、ロジャーズ証言もいくらかの力があってのことであろう、ついに一八六五年五月二〇日、リード等に勝訴の判決がでた。裁判長は正しい輸入税額を八一五・一〇ドルと認定し、支払い済み額二、二六三・八〇ドルとの差額一、四四八・七〇ドルに一八五五年九月二〇日からの利息一〇パーセント、ならびにこの間の諸費用七六。九〇ドルを加えて、総額二、九三八・一八ドルの支払いを命じた。リードとダハティーにとっては実に十年にわたる執念の、そして日本に関する訴訟の唯一の勝利になった。

しかし、フート号止宿問題についての、さらには当時の日米外交関係におけるロジャーズの主要な貢献は、彼が海軍長官ドビン James C. Dobbin, Secretary of the Navy に送った詳細なコレスポンデンスが直ちに海軍省から国務省に送られ、国務長官マーシー William L. Marcy, Secretary of State の訓令を通じて初代駐日総領事ハリス Townsend Harris, Consul General of the United States of America for Japan の活動に大きな影響を与えたところにあった。

〔註〕

（1）フート号積荷の輸入関税問題およびロジャーズ司令官の関与については、主に、Van Zandt, *op. cit.*, pp. 275-276, pp. 306-307, pp. 364-366 に従う。原資料は、U. S. Circuit Court, San Francisco, Case File 103, Federal Records Center, San Francisco, Calif. に拠るというが、筆者未見。

六　ロジャーズ報告とその波紋

タウンゼント・ハリスが日本駐剳総領事（兼外交代表）に任命されたのは一八五五年八月四日（安政二年六月二一日）、ニューヨークを出立したのは一〇月一七日であった。その後、ロンドン、パリ、マルセーユを経由してインド、そしてペナンに至り、ここで合衆国海軍の軍艦サン・ジャシント号 *San Jacinto* と落ち合ってバンコクへ入り、一八五六年五月二六日シャム国との通商条約を締結。香港を経由して下田港にはいったのは一八五六年八月二一日（安政三年七月二一日）のことであった。

ハリスがまず直面した問題が、ペリー条約第一一条「アメリカ総領事派遣に関する条項」についての日米双方の訳文の相違に起因する日本側の「上陸・止宿」拒否にあったこと、それに対してハリスが強い態度に出て日本側を押し切り、九月三日には柿崎・玉泉寺に入って総領事館を開設するに至った経緯についてはすでに他書に詳しい（例えば、三谷博『ペリー来航』など）。

ハリスを初代駐日総領事に起用した国務長官マーシーは、一八五五年九月一二日から一〇月四日の間に六通の訓令を立て続けに発しており、これらはニューヨークを立つ前にハリスに届いていたであろう。ここでマーシーは、（シャムならびに）日本におけるハリスの任務に細かい指示をあたえている。これらのうち九月三日付けの第二訓令では、日本との通商条約締結に向けての強い権限をハリスに与えており、ハリス派遣の基本姿勢がよく分かるが、一〇月四日付けの第六訓令は、フート号問題を踏まえて具体的な追加的指示を与えており、われわれにとって興味深い[1]。

この訓令では、海軍長官から国務省に送られてきた測量遠征隊司令官ロジャーズ大尉の公信記録からの情報によると前置きして、まずカロライン・フート号の問題を取上げる。すなわち、フート号下田入港、乗客の玉泉寺止宿、そしてフート号の箱館入港そしてその退帆までの事情、ならびにロジャーズらによる奉行側との交渉過程を詳しく述べた後、ロジャーズの指摘に従って問題と課題を次のようにいう[2]。

問題の第一は、ペリー条約第七条の英文と日文の食違いにあった。すなわち英文においては、“The ships shall be permitted to exchange gold and silver coin and articles of goods for other articles of goods.” とあって、希望する日本商品を金銀貨あるいは商品によって自由に買うことができるように読め、アメリカ側はそのように理解した。一方、日文では、「金銀銭並品物を以て入用の品相調候を差免し候」すなわち “other articles of goods such as may be necessary for them” とあって、日本側ではこれは主に避難船に対する「必需品」供給と理解されていた[3]。この問題が、第五条の「当分の逗留 temporarily living」についての解釈問題と絡んで、フート号の退去要求に繋がったとアメリカ側は考えたようである。これに関するマーシーの指示は、至急このロジャーズ情報の正否を確かめ、もし日本側に誤解があるようなら直ちにこれを正す措置を講ぜよというものであった。

ロジャーズが示唆した問題の第二は、（冬に訪れる捕鯨船員の保護と取締りを念頭においた）箱館領事の設置、第三には（「一ドル＝一分替え」を不当とする）貨幣交換率の改定であり、マーシーはこれらについてもハリスの適切な処置を指示している。(4)

このマーシー訓令の基調には、せっかくアメリカが勝ち得た和親条約にもかかわらず、日本側がその鎖国政策を根幹から変える意図を持たないことに苛立つ気持ちに溢れているが、「砲艦外交」による性急な解決はできるだけ避けたいという気持ちも現れている。この訓令に前後してフート号問題のニュースが東部にも波及し、リードたちフート号乗客の憤激を受けた新聞論調には、それに同調して「日本撃つべし」といった強硬論に流れるものもあった。(5)これに対して、マーシーの態度がフート号乗客の行動にやや批判的であることは興味深い。マーシーはいう。

「和親条約に規定された領事が下田に着任し、彼が条約条文に関する日本政府の見解を確かめ、彼等の解釈が上述のとおりであるようならそれを改めるように誘導するか、あるいは新たな条項を採用するための時間的余裕を得る前に、わが国民が日本に出かけたことは誠に遺憾であった。進取の気性に富んだアメリカ人のやや時期尚早な冒険によって、貴君の前途に困難を増す可能性があることが懸念される。」

［註］

（1）ハリス自身、この第六訓令を「特別訓令 the letter of special instructions」と呼んで重視した様子がその日記に伺われる（『ハリス日本滞在記』一八五七年六月八日の項）。

（2）海軍省から国務省へ送られたロジャーズ報告で、特にマーシーが参考にしたのは、一八五五年六月一一日付け公信（Cole, *op. cit.*, pp.57-63）、および六月一九日付け公信（Cole, *op. cit.*, pp. 99-103）であろう。

（３）条約第七条の英文と日文の食違いに最初に気がついたのはグレタ号のリュードルフで、彼がこれをロジャーズに伝えたという（『グレタ号日本通商記』八九ページ）。

（４）前者に関連して、六月一一日付けのロジャーズ報告はアメリカ市民に治外法権、下田総領事に領事裁判権を付与することも示唆しており、これが下田協約で実現することについては後述。また後者について、上記のロジャーズ報告はかなり詳しく述べているが、マーシー訓令ではただ「この件については貴君が熟知していると理解する」と書かれているに過ぎない。

（５）マーシーがロジャーズ報告を受取った一八五五年一〇月初旬、サンフランシスコ各新聞に掲載されたフート号関連記事が東部に送られ、東部の有力新聞に転載・掲載されて、その反響は一気にアメリカ中に広がった。ニューヨーク・ヘラルド紙やニューヨーク・タイムズ紙の一八五五年一〇月一五日付けの特集記事などがその先鞭をつけた。本章末の「基本史料に関する補註」参照。

七　下田協約とその後

ハリスのその後の日本との交渉過程を追ってみると、このマーシーの第六訓令の線にかなり忠実に沿っていること、その結果として、日米和親条約と修好通商条約の中間に位置し、ハリス外交の最初の成果となった「下田協約」がこのマーシーの第六訓令を拡大具体化したものとなっていることがわかる。

曲折のすえ、一八五七年六月一七日（安政四年五月二六日）下田同心町御用所においてハリスと下田奉行（井上信濃守・中村出羽守）の間で調印された「下田協約」全九条は、ほぼ次のような内容をもつものであった。[1]

第一条　アメリカ船に対して長崎港を開く。
第二条　下田・箱館へのアメリカ来航船に日本で準備できない船用品を供給するため、アメリカ人の居住を許す。また箱館に副領事を置くことを認める。
第三条　金銀貨の同種同量交換を認め、改鋳費として六パーセントを日本に支払う。
第四条　アメリカ人の不法行為について領事裁判権を認める。
第五条　アメリカ来航船の欠乏品等の代金支払いは金銀貨あるいは物品で支払うことができる。
第六条　アメリカ総領事の緊急時における国内旅行権を認める。
第七条　総領事（およびその家族）が日本人商人と直売買することを認める。
第八条　本協約についてはオランダ語訳文をもって正文とする。
第九条　本協約の発効は（第二条の後半を除いて）約定の日とする。

まずペリー条約の不備ないし解釈に曖昧さを残した問題に対する解決策として、第二条、第三条、第五条、第八条が挙げられる。

第二条は、やや曖昧な表現ではあるが、アメリカ市民の「居留（上陸・止宿）と営業」の自由を認めたものと理解される。これによって旧条約の第五条（および一部第七条）の解釈が明確になり、たとえばリードたちが箱館において行おうとした外国入港船舶にための船具店開店が可能になった。ハリスはこの条項について、その日記（一八五七年六月八日の項）で「アメリカ人のクラス（種類）が指定されていないから、宣教師でも実際にきて、日本に居住してよいわけだ」と断言している。(2)また第五条では旧条約の第七条が明確化され、たとえばリュードルフが箱館、下田で試みたような、物々交換によって日本商品を大量に購入することが可能になった。

第三条の「貨幣問題」の解決もハリスの大きな勝利であった。いわゆる金銀貨に「同種同量」規定が導入され、具体的には「一ドル＝三分替え」が実現したことは、「一ドル＝一分替え」の不当を鳴らし続けたアメリカ側の交易に大きく有利に働くはずであった。これらの「貨幣問題」については、第三章で詳しく述べる。

少し面白いのは、第八条によってオランダ語版が正文と明記されたことであった。ペリー条約において正文を決めなかったため条文解釈に誤解が生じたことに学んだのであろう。条約に於ける正文という観念がここに定着した（清水康行『黒船来航　日本語が動く』岩波書店、二〇一三年、一二三ページ以下）。

ロジャーズが示唆した箱館副領事の設置（第二条）ならびに領事裁判権の設定（第四条）件もまたそれぞれ解決した。これらはやがて「修好通商条約」の重要な柱のひとつになる。

第六条、第七条は領事特権の確認であって、今後はさらに、外交代表の国内自由旅行、官営「欠乏会所」を通さない自由貿易、あるいは開港地における外国人の借地権認可の実現、などなどが要求されることになるであろう。

ハリスは、協約交渉がほぼまとまった一八五七年六月八日（安政四年五月一七日）の日記において、「ついに諸々の目的を成功裡に貫徹した」とこの間の労苦を誇り、この成果が「一八五五年一〇月四日附の特別訓令によって要求を指令されたものよりも、正しく超えたものである」と自賛している（Cosenza, *op. cit.*, pp. 373-374、『ハリス日本滞在記』（中）二六四―二六五ページ）。

「下田協約」の締結によって、ペリーの「日米和親条約」とハリスの「日米修好通商条約」との間の橋渡しはおわった。

〔註〕

（1）この約定の正式名称は「日本国米利堅合衆国条約 Treaty between The United States and The Empire of Japan」であるが（外務省条約局『旧条約彙纂』）、アメリカ側ははじめから Convention（仮条約、協定、協約）と位置づけていた。「下田条約」「日米約定」「日米協約」などとも呼ばれる。

（2）『ハリス日本滞在記』岩波文庫版、（中）二六五ページ。また別に、マーシー宛の公信（一八五七年六月一八日附）ではこれを、the right of permanent residence to American Citizens in the Ports of Simoda and Hakodade といっている。

おわりに

ペリーの「和親条約」と、カロライン・フート号のやや時期尚早の冒険と、ロジャーズ司令官の介入と、マーシー国務長官の特別訓令と、ハリスの「下田協約」と、そして最後の「通商条約」との間が、明らかなある一本の線で繋がっていたこと、そしてその繋がり方について本章では検討した。

少し遡って、ハリスの江戸出府が拒絶されて、下田における協約交渉が本格的に始まる前日の一八五七年二月二五日（安政四年二月二日）、下田奉行（井上信濃守清直、岡田備後守忠養）との会談の際に、ハリスは「ロジャーズ海軍大尉の情報に基づくマーシー国務長官の特別訓令の指示に従って」改めて二つの質問ないし詰問をおこなったが、そのひとつが「リードとドアーティー〔ダハティー＝山本〕の両氏が下田から退去を命ぜられ、また箱館において上陸を阻まれたことについて抗議」することであった。

「彼ら［下田奉行］は、その処置は不法であり、両人に対し下田より退去を命じたり、箱館で上陸を許可しなかったことは遺憾であると答えた」、という。[1]

リードやダハティーらは、このころアメリカにあって、彼らの日本行の損害賠償をくり返し国務長官に請願し、また訴訟を起して訴えていた。[2] 下田奉行のこの公式発言が、マーシー長官を通じてリードやダハティーに伝えられた形跡はない。もし日本側の解釈に誤りがあればアメリカ政府が責任を取ってくれるであろうと彼らをなだめたロジャーズ司令官の「約束」は、一体どうなったのであろう。

ただし、リードとダハティーが放置して帰国してしまった日本政府への「負債問題」と「預け金問題」というもうひとつの物語が残っており、ここでもまた、ロジャーズ司令官の報告とマーシー訓令とハリスの対処という繋がりによってその解決を見ることになるが、これについては次章に譲ることにする。

［註］

（1）Cosenza, *op. cit.*, pp. 327-329.『ハリス日本滞在記』（中）一九三―一九五ページ。なお日本側の記録では、安政四年三月二七日（一八五七年四月二一日）の下田奉行との会談においてハリスがこの質問（「往年米商人リード、ドチーらの下田滞在および箱館上陸を拒否せられたる理由」）を提出し、同四月八日（同五月一日）に奉行側が書面をもって回答したという。ただしその書面の内容は、すでに第四節で述べた「当分居住」の日米解釈の相違を述べたもので、ハリスのいう「遺憾の意」の表明とは異なっている。『維新史料綱要』二―三一九および二―三二四、『維新史料稿本』六六二―二八～四二および六六五―一二八～一四〇。

（2）ヴァンザントによれば、リードとダハティーは一八五五年五月二二日付で下田から国務長官宛の書簡を送り、ビドルマンとドーティーは同六月五日付けで同じく下田から国務省宛の請願書を送ったという（Van Zandt, *op. cit.*, p162, p. 200）。また帰国後は、日本政府からの賠償金を要求して司法に訴えるとともに、国務省へもくり返しその対応を求める請願を行っている（Van Zandt, *op. cit.*, Chap. 11, Chap. 14）。

［基本史料に関する補註］

本章で用いる基本史料は、お互いに重なるところがある主に以下四つのグループに分かたれる。

（1）ロジャーズ司令官の海軍省への報告およびその添付資料。

（2）フート号乗客の新聞各紙への投稿およびその添付資料。

（3）ハリスに関わるアメリカ側の外交文書。

（4）日本側の外交文書。

（1―1）ロジャーズ報告は、基本的には、現在アメリカ国立公文書館に所蔵される Records Relating to the United States Surveying Expedition to the North Pacific Ocean, 1852-1862, Record Group 45, National Archives, Washington D. C. による。ただし、筆者が閲覧したのは、横浜開港資料館所蔵の複製本である。なお別に、アメリカ議会図書館所蔵のロジャーズ家文書があるというが、筆者は未見。

（1―2）上記のうち、われわれに関係する前半部分（一八五四年八月―一八五六年一月）の記録は、コールによって編纂された下記の書物に収録されており、本稿の引用はほぼそれに拠る。Allen. B. Cole (ed.), *Yankee Surveyors in the Shogun's Seas: Records of the United States Surveying Expedition to the North Pacific Ocean, 1835-1856*, Princeton University Press, 1947.

（1―3）「測量遠征隊」に参加した隊員の記録で公刊されたものとしては、ハバシャムとブルックの以下の二冊がある。A. W. Habersham, *The North Pacific Surveying and Exploring Expedition: or My*

Last Cruise: Where We Went and What We Saw: Being An Account of Visits to the Malay and Loo-choo Islands, the Coasts of China, Formosa, Japan, Kamtschatka, Siberia, and the Mouth of the Amoor River, J. B. Lippincott & Co., 1858; George M. Brooke Jr. (ed.) *John M. Brooke's Pacific Cruise and Japanese Adventure, 1858-1860*, University of Hawaii Press, 1986. 前者はジョン・ハンコック号でロジャーズ艦隊に参加したハバシャム大尉の紀行録で極めて興味深い。この記録の背景については、後藤敦史「一外国人が見た開国日本―アレクサンダー・ハーバーシャムの航海記より―」『大阪観光大学紀要』第一四号、二〇一四年三月、参照。また、後者のブルック大尉の日記と解題は、一八五八―一八六〇年に行われたフェニモア・クーパー号による追加調査を主題としており、本稿の時代とはややずれがある。

（2―1）リードやドーティーらフート号乗客は、一八五五年九月一七日にサンフランシスコに帰着すると、直ちにサンフランシスコ・ヘラルド、サンフランシスコ・デイリー・イヴニング・ニュースなど各紙に日本政府の不当・不正を訴える手紙や手記を（下田奉行および箱館奉行宛の書簡、ロジャーズ司令官宛の書簡など関係書類を添付して）掲載し、大いにキャンペーンを張った。一〇月に入ると、これらがニューヨーク・ヘラルドやニューヨーク・タイムズなど東部の有力紙に転載され、ペリー条約の解釈にかかわる諸問題は全米の知るところとなった。これら新聞記事の詳細は、Howard F. Van Zandt, *Pioneer American Merchants in Japan*, Lotus Press, 1980, に詳しい。

（2―2）これらの新聞記事は、「日本遠征」に関する公式報告書を準備中であったペリーおよび関係者の目に留まり、『ペルリ提督日本遠征記』では第二〇章「神奈川条約締結」に「附記」をつけて、これらの新聞記事を引用してフート号問題の経緯を記している（なお同書の引用について本稿では、土屋喬雄・玉城肇訳の一九三〇−三一年初版の弘文荘版を一九八八年に復刻した臨川書店版（上）（下）を用いる）。またグレタ号がロシア人第三陣をオホーツクに輸送中、（フート号乗客と同様）下田に滞在したドイツ人商人のフリードリッヒ・リュードルフ Fr. August Lüdhdorf も、たまたま上記の記事を掲載したサンフランシスコ・ヘラルド紙を得て、その著『グレタ号日本通商記』の附録に、書簡や記事を引用しつつ論評を加えている（F・リュードルフ（中村赳訳）『グレタ号日本通商記』（「新異国叢書」第Ⅱ輯3）雄松堂出版、一九八四年）。

（2—3）一八五五年一〇月一五日付けのニューヨーク・タイムズ紙は、九月一八日付けのサンフランシスコ・ヘラルド紙からの転載という形で、リード&ダハティーの書簡に添えて、主要な関係書類（奉行宛書簡、ロジャーズ宛書簡、それらへの返書、その他）を纏めて掲載していて問題の概略を一覧するのに便利である。これについては現在、原文と訳文の双方を、『（国際ニュース事典）外国新聞に見る日本』（毎日コミュニケーションズ）第一巻（一八五二−一八七三）本編、および第一巻（一八五二−一八七三）原文編、において見ることができる。

（3—1）ハリスに対する国務長官からの訓令およびハリスからの公信については、アメリカ国立公文書館に所蔵される外交文書、General Records of the Department of State, Record Group 59, National Archives, Washington D. C. に含まれる Diplomatic Instructions of the Department of State, 1801-1906, および Diplomatic Despatches, Japan. に拠った。ただし、筆者が閲覧したのは、横浜開港資料館所蔵の複製本である。

（３―２）その他、関係する文書がハリス文書（Harris Papers）、マーシー文書（Marcy Papers）等としてアメリカ各地に所蔵されているというが、筆者未見。

（３―３）なお、ハリスおよび彼に通訳として同行したヒュースケンの日記が翻訳・出版されている。Mario E. Cosenza(ed.), *The Complete Journal of Townsend Harris: First American Consul and Minister to Japan*, first edition, 1930; second revised edition, 1959（坂田精一訳『ハリス日本滞在記』岩波文庫版、（上）（中）（下））。オランダ人であるヒュースケンの日記の来歴は複雑であるが、翻訳は一九六四年出版の英語版によるという。Henry C. J. Heusken, *Japan Journal*, Paragon, 1964（青木枝朗訳『ヒュースケン「日本日記」』校倉書房、一九七一年）。

（４―１）日本側の文書は、基本的に『（大日本古文書）幕末外国関係文書』（東京帝国大学文学部史料編纂掛編纂、復刻版）に拠った。引用は、例えば『幕末外国関係文書』一〇―九二、のごとくに記し、第一〇巻の項目九二であることを示した。

（４―２）上と併せて、『維新史料綱要』と『大日本維新史料稿本』をも参照した。ともに東京大学史料編纂所の所蔵であるが、閲覧は同所のウェブ・サイトから行った。引用は、前者は『維新史料綱要』二―五三、のごとくに記して第二巻五三ページを示し、後者は『維新史料稿本』四一四―三、のごとくに記して第四一四巻三丁を示した。

第三章

下田「欠乏品交易」とその周辺

―カロライン・フート号「貨幣問題」を中心に―

はじめに

安政二年四月二一日（一八五五年六月五日）、アメリカの商船カロライン・E・フート号 *Caroline E. Foote* が下田を出港して箱館へ向かうにあたって、その乗客のひとり、ヘンリー・ドーティー Henry H. Doty はサンフランシスコのデイリー・ヘラルド紙編集部に宛てて下田港の弱点を論ずる手紙を書いた。地理・気候に関する問題点を述べた後、彼はこの手紙を次のように結んだ[1]。

「この地の日本政府には、彼らの準備しうる船用必需品に支払われる法外な値段にもかかわらず、外国人との交易ないし交流を促進するつもりは全くない。粉、米、豆類、甘藷、ねぎ類、燻製の鮭、鮮魚、鶏卵、等は大量に生産されるが、現在のところこれらを手に入れることは困難で、この港に入る船舶を誘引することにはなっていない。これらの困難は、われわれが日本との通商条約を持つまでは回避できないであろう。その時にはじめて、すでにわれわれに最大の敬意と友情を表明している人々と、直接に交際することになるであろう。」

ペリーとハリスのはざま、安政二年正月末に下田に渡来したフート号の物語の概要は、第一章で書いた。ウォース船長 Captain A. J. Worth 所有の一四五トンのスクーナー型帆船フート号をホノルルでチャーターした六人の紳士とその家族（夫人三人と子供二人）は、ペリーが締結した「日米和親条約」における アメリカ市民の居留権を拡大解釈し、箱館において捕鯨船相手の船用品店を開き、かつ日本物産のアメリカ輸出を目論んでやってきたパイオニア商人であった。たまたま、ロシアが派遣したプチャーチン使節団の大津波被災に遭遇したために、それに乗じて下田に三ヶ月弱滞在する機会を得たが、結局は幕府の忌避にあって箱館滞在は認められず、空しく帰国を余儀なくされた。彼らは帰国後、新聞や政府に訴えて日本側の非を大いに鳴らしたが、その苦情のなかには、アメリカ市民の居留権の「侵害」とならんで、日米貨幣交換率や物価の「不当」も含まれていた。

本章では、下田にやって来た「異人たち」の体験を通じて、ペリー使節団が定めた日米貨幣交換率が内包した諸問題と初代総領事ハリスによるその処理について考える。(2)

〔註〕

（１）一八五五年九月一九日、すなわち彼らのサンフランシスコ入港の翌々日に同地デイリー・ヘラルド紙に掲載された六月一日付のドーティーの手紙。Howard F. Van Zandt, *Pioneer American Merchants in Japan*, Lotus Press, 1980, p. 193.

（２）ペリー艦隊による貨幣交換の発生からハリスの通商条約締結にいたる通貨問題を、ハリスの外交交渉に焦点を当てて論じた論考としては、嶋村元宏「幕末通貨問題をめぐるハリスの政策と幕府の対応」（青山学院大学史学会）『史友』第二三号、一九九一年、がある。

一　ペリー来航と「一ドル＝一分替え」の発生

嘉永七年（安政元年）三月三日（一八五四年三月三一日）神奈川において調印された「日米和親条約」は、その名の通り日米両国の「永世不朽の和親」を取り結ぶことを目的とする条約であり、いわゆる「通商開港」を目指すものではなかった。しかしその第二条において「亜米利加船、薪水食料石炭欠乏の品を、日本人にて調《ととの》へ候丈は給し候」として「右代料は金銀銭《きんぎんぜに》を以て相弁ず可く候事」と定め、また

第七条では「合衆国の船右両港［下田・箱館］に渡来の時、金銀銭竝に品物を以て入用の品相調《あいととの》へ候を差免し候」と定めた(1)。したがって、外国貨幣による物資購入を認める以上は、彼我《ひが》貨幣の交換比率を定めなければならないことは当然であった。この問題は、帰途につくペリー艦隊船用品の供給とその支払い、ならびに（ペリー艦隊が視察にあたった下田ならびに箱館における）艦隊船員の上陸と個人的な買物にあたって具体化した。

貨幣問題に関する談判は、「日米和親条約附録協定」の締結のために下田に入ったペリー艦隊（の主計官）と下田奉行所（の支配組頭）との間で、五月一七日（六月一二日）から下田・了仙寺において行われた(2)。

幕府側は、「長崎表唐紅毛《からこうもう》引合之銭相場」すなわち長崎における中国・オランダ交易における相場を参考とし、またすでに神奈川で艦隊の物資代金として受領していた三五〇ドルの金銀貨を江戸で分析した結果を踏まえて(3)、次のように主張した。「其国［貴国か？］銀位之義、日本ニては銀目方《めかた》拾匁ニ付、日本銀弐拾弐匁五分、一ドルラル日本銀拾六匁之積」。これについてはアメリカ側からいくつかの異議が唱えられたが、結局は「承知致し候」ということになって、決着がついた(4)。

日本側の主張を理解するには、（当時のアメリカ人にとっても、現代の日本人にとっても）若干の註記を必要とする。その後のドル談判における主張も加味して解釈を加えれば、次のような論理になる（であろう）。すなわち、①外国通貨は日本においては地金（地銀）としてしか認められない。②日本において銀地金はその重量一〇匁につき秤量銀貨（通用銀）二二匁五分《ふん》と評価している。③アメリカ銀貨はその量目が七匁一分二厘余となり、したがってアメリカ銀一枚を日本の通用銀に換算すれば一六匁二厘にあたるが、端数は切り捨てて一六匁とする。[4] さてここから、④当時の金銀相場一両＝六〇匁に照らしてこの一六匁を金位一分《ぶ》とみなし、また一両＝六貫文（六、〇〇〇文）の金銭相場を適用してこの一六匁を銭一、六〇〇文《もん》とする。[5] しかして、当時の（少なくとも関東における）主たる流通貨幣は、正貨としては（金貨を補助する計数貨幣としての）天保一分銀、また日用の小銭としては天保銭ほかの銭貨が用いられており、結局、一ドル銀貨一枚は一分銀一個と、また銭一、六〇〇文と等値される。

この論理をアメリカ側が正確に理解していたかどうか。ペリーの公式報告書には、交渉を担当した主計官スペイデン W. Speiden ならびにエルドリッジ J. C. Eldridge による五月二〇日（六月一五日）付けの報告が載っているのであるが、[6] これがまた、われわれには理解がむずかしい。

彼らはいう。「日本に於てはヨーロッパ諸国に於けると同様に、重量価値の標準と通貨の秤量標準とは異る。人々の語るところによれば重量一両の銀は、今日にては地金の場合二百二十五キャンダリーン、即ち二両二マース五キャンダリーンと等しと見做され居るも、鋳貨となりたる時には同じ重量のものが四両四マースの価値ありと考へらる。日本政府は、地金の価値をもって吾が弗貨《どるか》を受取るべしと決定したるものにして、［中略］彼等にとりてはそれ以上の価値なきものなることを確かめたり。［重量としての］一両と比較すれば一弗は七マース十一・五キャンダリーンにして、地金価値の比較においては一両六マース即ち一、六〇〇キャッシュとなる。」

そもそも彼らは、「日本人は支那人と同様に斤（catty）、両（tael）、マース（mace）、キャンダリーン（candareen）及キャッシュ（cash）の十進秤量法を有し、夫によって一般に物品をはかるなり」という、やや不可解な前提に立って計算をしたらしい。しかしともあれ、アメリカ側としては、①ドル銀貨は地金価値しか持たないこと、② 銀重量一両の地金価値は（通貨単位でいえば）二両二マース五キャンダリーンであること（たぶん銀一〇匁＝通用銀二二匁五分《ふん》の誤解であろう）。③ 銀弗一ドルは重量七マース一一・五キャンダリーンであるから通貨価値としては一両六マースにあたる（たぶん通用銀一六匁の誤解であろう）。④ さてここから、（たぶん通用銀一匁＝銭一〇〇文という誤解にもとづいて）銀貨一ドルは一、六〇〇キャッシュ、すなわち一、六〇〇文にあたるという。

すでにこのドル談判のときから、アメリカ側は、① 一分銀の三倍の量目をもつドル貨が一分銀と等価に扱われること、② ドル貨を一分銀に改鋳することにより幕府は（些少の改鋳費は別にして）その六六パーセント三分の二を利得すること、③ このためドルの貨幣価値が切り下げられ、日本物価が切り上げられていること、といった「不正」あるいは「不当」に気がついていたであろう。しかし「和親条約」締結という主要目的を果たした彼らには、これを荒立てるつもりはなかったようである。ドル談判より先、条約調印直後に第一回視察のため下田を訪れた時には、どのような根拠によったのか、一ドル＝一、二〇〇文という「ドル安・円高」の交換率で支払いを済ませ、ドル談判以降は一ドル＝一、六〇〇文ですべての支払いを済ませて、退去していった。

［註］

（1） 以下、本論における条約条文は、外務省（編）『日本外交年表竝主要文書―一八四〇―一九四五―』（上）、原書房、一九六五年、による。ただし、一部の読み下し、句読点、振り仮名は山本による。

（2） 『（大日本古文書）幕末外国関係文書』六―二二六「自五月十七日至廿二日　下田了仙寺対話書　下田奉行支配組頭黒川嘉兵衛雅敬　伊佐新次郎岑満等と米国艦隊主計官スペーデン、エルドリッチ等と　通用金銀銭相場并石炭直段の件」、同書六

―三二七「六月　亜米利加応接掛上申書　老中へ　米国使節と応接取極の件」の内「金銀銭交換」の条。

（3）ペリー艦隊がこの時提出した金銀貨がどのような内容であったかはよく分からない。三上は銀貨を「一八三七年以降［鋳造］のアメリカ・ドル銀貨のようである」といい（三上、前掲書、九二ページ）、また田谷は金貨が「二〇弗金貨即ち double eagle」であったという（田谷、前掲書、四二八ページ）。なお、当時の東アジアで国際通貨として広く流通したいわゆる「洋銀」については、下記第四節註（1）を見よ。

（4）地金銀の公定買上げ相場を秤量の通用銀によって「銀目《ぎんめ》」表示することを「双替相場《そうがえ》」と呼んだが、アメリカ銀貨の評価にもこれを適用した。ただし厳密にいえば、当時の銀の双替相場は「二六双」すなわち銀一〇匁につき通用銀二六匁であり、これをアメリカ銀貨の品位八六五弱から精査された純銀量六・一六匁に適用して通用銀一六・〇一六匁と算定され、端数を切捨て一六匁としたという。田谷博吉『近世銀座の研究』吉川弘文館、一九六三年、四二九ページ、三上隆三『円の誕生―近代貨幣制度の成立―』東洋経済新報社、増補版一九八九年、九二ページ。これをアメリカ側には「二二・五双」で説明した真意は不明であるが、品位を問わない量目だけの比較で説明したほうが理解に早いと考えたのかもしれない。

（5）これを天保一三年改定の御定《おさだめ》相場である金一両＝銀六〇匁＝銭六貫五〇〇文で換算すれば、銀一六匁は一・〇七分弱、銭一、七三三文になるはずである。ただし、金銭相場については「長崎表唐紅毛引合之銭相場」である「金壱両ニ付調銭六貫文替」を適用した模様であり（前掲『幕末外国関係文書』六―三二七）、これによれば銀一六匁は一、六〇〇文となる。以上のようにかなり強引に、一ドル銀貨の邦貨価値を銀位では一六匁、金位では一分、銭では一、六〇〇文に丸めたについては、換算の便利とともに、先行するオランダ交易との関係があったらしいことを、三上、前掲書、九二―九三ページが考察している。

（6）ペリー遠征隊の公式報告、フランシス・ホークス（編）のいわゆる『ペルリ提督日本遠征記』には、英語版にも翻訳版にも多種が存在する。ここでの引用は、合衆国議会の命によって一八五六年に刊行された三巻本の第一巻を完訳した、土屋喬雄・玉城肇共訳『ペルリ提督日本遠征記』（上）（下）、初版一九三五―三六年、弘文荘、復刻版一九八八年、臨川書店、による。スペイデンとエルドリッジの報告は、同上書、（下）、七八八―七九〇ページ。

二　欠乏品交易と「欠乏会所」

ペリー艦隊がようやく退去して安堵したのもつかの間、その冬嘉永七年（安政元年）一〇月一五日（一八五四年一二月四日）には、ロシア使節プチャーチン一行が五〇〇名におよぶ乗員を擁したディアナ号 *Diana* で下田に入り、折からの大地震に妨げられて半年にわたって滞在し、下田と戸田《へだ》を大いに騒がせた。翌安政二年になると、「日米和親条約」批准書の交換のためにアダムズ中佐 Commander Henry Adams の一行が、さらにロジャーズ大尉 Lieut. John Rodgers を司令官とするアメリカ海軍の北太平洋測量遠征隊の艦隊が入港し、また時にはフランス軍艦なども一時寄港して下田を賑わせることになった。さらには、捕鯨船や商船など民間船も頻繁に姿を見せるようになったが、そのなかで異彩を放ったのは、日本において船用品店を開き、日米交易のパイオニアたらんとカリフォルニアから意気込んで乗り込み、そしてロシア兵の帰還問題に絡んで乗客一〇名が下田に三ヶ月弱滞在したカロライン・フート号の一行であった。

これらに対して幕府は、下田奉行所を再置するとともに下田取締掛を新設してこれを補佐せしめ、また「欠乏会所」を設けて欠乏品交易に対処した。

まず「日米和親条約」第二条にいう「船中欠乏品」を具体的にいえば、条約にも明記される薪・水・食料・石炭であった。石炭の品質と値段については外国側も敏感で、すでにペリー交渉のときから議論があり、のちにはその安定供給のために「お雇い」外国人を招いて北海道の石炭開発を試みたりしている。また食料については、先のドーティー書簡に見られるように、米、粉、大小豆類、甘藷、ねぎ類、酒、醤油、砂糖、鮮魚類、海老蟹類、鶏、卵、等を供給した。言葉の食い違いからこれらの供給が円滑にいかずにトラブルとなったケースもあるが、一番の問題は肉類であった。幕府側は「高価之鳥獣並に牛馬は不相渡候積」といい、また町民もその供給を拒んだが、実際にはやがて牛の屠殺も行われたという。

さて条約第二条によれば、この「和親条約」は緊急避難的に入港するアメリカ船にたいして船中「欠乏の品」を供給することを認めたものにすぎなかった。しかしその第七条では、やや広く「入用の品」を金銀銭あるいはアメリカ側持参の品物による交換を認める条文が含まれていて、「取引商品」の範囲がかなり曖昧にされていた。実のところ、下田取締掛からの幕府への伺書による「相渡候品」すなわち交易許可品のリストをみると、とても欠乏品とは思われない物産、たとえば絹布・縮緬・緞子類、糸細工・袋物類、塗物類、瀬戸物・硝子類、傘・蓑笠類、木石細工・紙細工・提灯類、筆墨・硯箱・扇・団扇類、竹麦藁細工、海草貝類細工物、などが並べられている。幕府としても、長崎貿易に倣って多少の「官営貿易」を行うつもりがあったと見てよいであろう。

ペリー時代の欠乏品交易は、了仙寺などでささやかに行われた模様であるが、安政元年一一月四日（一八五四年一二月二三日）の大津波で下田の町が壊滅的被害を受け、またロシア将兵が多数滞在するようになって混乱を起こしたために、御用所に付随した「欠乏会所」、すなわち外国人専用の専売所（バザール）を設けることになり、同年末には下田二丁目脇に仮建築が出来、翌安政二年五月には同心町に新築された御用所の構内に移された[1]。

さて「欠乏会所」の運営がどのように行われたか。安政二年三月（一八五五年五月）に下田に入った北太平洋測量遠征隊の士官として、初期の「欠乏会所」を実地に体験したハバシャム大尉 Lieut. A. W. Habersham の記録からこれを見てみよう[2]。全文一五ページにわたる詳細な描写を全訳するわけにはいかないから、部分的な摘記を連ねることを許されたい[3]。

「建物は一エーカー四分の三ほどの地所を占め、完全に四角であって、高さは大体一五フィート、一階建てで、大きな四角い中庭を囲んでいる。中庭は多分建物よりも大きいであろう。屋根はわら葺で中庭に傾斜している。入口はひとつしかない。」

「この建物の四つの納屋風の棟のうち、二つは売店の区画に仕切られている。そのひとつは、各商人が商品見本を見栄えよく展示できるように棚が備えられている。売店のすぐ前の区画は商品を詰めた箱で一杯である。棚にあるのはサンプルである。彼らはわれわれが大量に買い込むことを期待している。多分、われわれが他ならぬ投機的な旅行に来たものと考えているのであろう。残りの二棟のうちひとつは空いていた。もうひとつは大一、小二の部屋に分かたれていた。前者の大きいほうは、クッション風のマットで小奇麗に飾られ、ラウンジとしてわれわれに与えられた。後者のふたつは政府の役人に割り当てられ、彼らは事務室および監視室として使った。いうまでもないことながら、監視室は門に続いていて、彼らは総てを見張った。」

「われわれがあちらの売店こちらの売店とブラブラ通り過ぎると、外見からするとどれも同じようなものに思われた。ところが、あれとこれでは材料が違うのであった。その違いは、漆器かと思うと陶器でできているといった具合であった。しかもその陶器たるや！もっとも繊細なフランス磁器よりもはるかに上質で、われわれの貨幣が減価していたにもかかわらず、ずっと安かった。」

「各売店の棚や床に詰め込まれた名もなき職人技の珍しい見本の、多様で美しい展示をよく見るためには何時間もかかった。われわれをもっとも驚かせたのは、それぞれの品物の値段がドルとセントで付けられていることであった。それはまるでわが国の店頭のウィンドウやドアに見本として出してある品物に値札がピンで留めてあるのを見るようであった。」

「オー！この日本人の商人という奴らは、こいつらは小狡くて不正直な奴らだ。われわれの前に物をみせびらかし、幾許かの金を調達するために船に戻ってパーサーの許へ行かせ、ついには借金に深く嵌り込ませる！われわれが一番感心した物を驚くべき正確さで判断し、翌日になるとまさにそれらの値段が上がっている。時としては一〇〇パーセントも。彼らは夜のうちに値札をはがし、高い値札をつけ、そしていつもの白々しい顔で「昨日と少しも変わっていません」と言い張るであろう。これは全くもって腹立たしい。しかしわれわれに何ができる。われわれは条約と商人によって金を騙し取られるか、あるいはここに来られない友人のために日本の珍しい美しい工芸品のプレゼントを買わないで日本を去るか、どちらかで満足せざるをえない。」

「このようにして種々の品物を選んでいると、われわれの買物の程度を見計らって、一人、二人、三人のボーイがついて来る。ある品物を買うと、われわれはその名前と値段を書き込んで、他の品物のほうへ通り過ぎてゆく。目ざとい従者はその品物を取上げるとわれわれについてくる。ひとりの商人に飽きると、中庭を横切って担当の役人の居間へと入っていく。そこではいつも、熾った炭をいれた金属の火鉢を囲んで、彼らがトルコ風に座っており、ときどき火鉢で小さいキセルに火をつけたり、砂糖なしの茶を温めたりしているのを見た。彼らもまた、われわれについてきたボーイが持ってきた品目によってリストを作り、費用を計算し、自分たちの金額をわれわれの金額および商人のそれと比べ、それからその額を銀貨で受取る。こうして商品はわれわれの許に配達され、支払われた一ドルにつき一分の割合で、政府が商人に負債があるという証明書が商人に渡される。」

「夜が近づいてその日の商売が閉じられると、受取った全てのドルが役人とスパイ（目付）の立会いで勘定され、注意深く箱詰めされ、直ちに江戸へ送られる。江戸ではそれらのドルが一分銀専用の造幣所へ送られ、三倍と余りすこしに増量されて出てくる。受取ったドルの代わりに一分銀が下田に送り返され、そして先の証明書が商人から回収される。」

「かくして、もし商人が一分銀一〇〇枚相当の商品を売ったと仮定すれば、彼はその金額を全額、適当な時期に受け取る。政府はその銀ドル一ドルごとに六七セントを越える余部を清算で得る。なぜなら、商品には価格として一〇〇ドルと表示してあるが、それは三倍は重い一ドルが一分と等しいという理解のうえになされているからである。もしわれわれが銀の重量でその実際価値を換算できさえすれば、同じ商品が三三ドルで売られることになるからである。」

「私は、日本人が金よりも銀を好むということにかねてから気がついていた。その理由はこうである。彼らの金貨［小判］は一分銀四個の価値があるが［一両＝四分］、重さはわれわれの二ドル半金貨（a quarter-eagle）と同じである。(4) したがって、もしある品物に$2.50と値がつけられていて、二ドル半金貨で支払われたとすれば、受取られた金量はたった四つの一分銀と同じ価値［すなわち一両］である。ところが、もし銀貨で支払われるとすれば［銀ドル二ドル半は重さでは］一分銀七個と四分の三［すなわち一・九両］

に等しく、つまりほとんど二倍近くになる。ここから、日本では他国より金が安いことが見て取れる。もし適切な政策が取られないならば、この価格差は外来者に大きく有利な投機をもたらすであろう。しかし金を買い上げて国外に持ち出す可能性はないのだから、この事実はその重要性をほとんど失っている。」

欠乏会所の一日が目に見えるような、実に見事な描写ではないか。また、背後のメカニズムに関する洞察が行き届いていることにも感心する。幕府はドル貨を死蔵することなく、直ちに銀座で一分銀に改鋳し、その六六・六パーセント余を利得していたのである。ハバシャムの最後の指摘、すなわち金銀比価の内外格差の問題についてはよく考えてみなければならない。もうひとつ、下田の「欠乏品交易」における物価の問題についても、すこし考えてみることにしよう。

〔註〕

（1）地方史研究所『伊豆　下田』同所、一九六二年、七四九―七五〇ページ。増田正「下田の欠乏所貿易について」『歴史教育』第一四巻第一号、一九六六年一月、六五ページ。

（2）時期的に、ハバシャムが見たのは下田二丁目脇の最初の会所であったと思われる。同所の開設準備は安政元年の暮には出来ていたが、実際に店開きしたのは、翌二年正月の半ばからであったという（前掲『伊豆　下田』七四九ページ）。

（3）A. W. Habersham. *The North Pacific Surveying and Exploring Expedition; or My Last Cruise, where we went and what we saw: being an account of visits to the Malay and Loo-Choo Islands, the Coasts of China, Formosa, Japan, Kamtschatka, Siberia, and the Mouth of the Amoor River*, Philadelphia and London, 1858, pp. 224-238. ハバシャムのこの紀行録の背景については、後藤敦史「一外国人が見た開国日本―アレクサンダー・ハーバーシャムの航海記より―」『大阪観光大学紀要』第一四号、二〇一四年三月、参照。

また、欠乏会所の見聞記としては、「日英修好通商条約」締結のため一八五八年（安政五年）に来日したエルギン使節団に随行したローレンス・オリファントの記録にも見える。『エルギン卿遣日使節録』（『新異国叢書』9）雄松堂出版、一九六八年、七三―七四ページ。

（4）この部分、ハバシャムに何らかの誤解があったように思われる。単純に量目だけの比較でいえば、二ドル半金貨（量目四・二〇グラム）は天保小判（量目一一・二五グラム）の三分の一（〇・三七両）強であった（すなわち一ドル＝〇・一四八両）。内外金貨の量目比較を自ら行ったハリスによれば、一〇ドルイーグル金貨（量目二五八グレイン＝一六・七二グラム）七枚＝天保一分金（量目四二グレイン＝二・七二グラム）四三枚であったという（すなわち一ドル＝〇・一五四両）。嶋村、前掲論文、二〇―二一ページ。また日本における「銀高・金安」についてはあらためて第四節で論ずる。

三　欠乏品交易の価格と価額

欠乏会所の取引が一種の官営貿易であったことはすでに見た。会所に出店できる商人は下田奉行所が指名した御用商人であった。会所設置当初、安政元年末から同二年の「欠乏所世話役」としては五名、「欠乏品売込人」としては一二名の名前が挙げられている。後者が会所における実際の売込みに当たったものと思われるが、下田商人が一一人、箱根商人が一名リストアップされている。[1]彼らには、（多分「長崎貿易」に倣って）売上高の三割に上る「冥加金」が課せられ、その収入は入港外国船向けの経費のほか「道橋堤川除《かわよけ》普請、掛リ役人御手当筋」の出費に充てられたという。

提供される商品価格には（これまた「長崎貿易」と同じく）かなりの「割増し」が付せられた。概していうと、米、大小豆、野菜類には一割五分、鶏卵、酒、薪には二割、鶏、魚類、燈油には三割、石細工、材木類には五割、大材木には七割の割増金が付せられ、さらに漆器、反物、細工物など、欠乏品を越えた奢侈品には「納め値段」の三倍の値段が付けられたという。[2] 日本に慣れるにつれて、外国人もこの「法外な値段」設定のカラクリに気が付いて、腹を立てたことであろう。

外国人が下田で購入した欠乏品の「物価表」についてはペリー報告の中の表（『ペルリ提督日本遠征記』（下）七九七ページ）が著名で、よく引用される。ところがこれは（第一節の最後にふれたように）、一ドル＝一、六〇〇文（＝一分）という協定が成立する以前の仮の交換率、一ドル＝一、二〇〇文を基準に作られており、やや信頼性に欠ける。ここでは、下田に住み込んだドイツ人商人フリードリッヒ・リュードルフ Fr. August Lühdorf によって作られた表3－1を示そう。彼は、ブレーメン商船グレタ号 Greta のスーパーカーゴ（「上乗り」＝積荷監督人）として香港に入り、そこでアメリカ海軍の北太平洋測量遠征隊の物資輸送に雇われて箱館に至り、さらに（カロライン・フート号と同じく）ロシア将兵のシベリア送還を請負ってグレタ号を下田からカムチャツカに送り出し、その間の約半年（一八五五年七月四日（安政二年五月二一日）―一八五六年一月二日（安政二年一一月二五日））を、（フート号の乗客と同様に）柿崎の玉泉寺に滞在した。その冒険に満ちた物語は彼の日記『グレタ号日本通商記』に詳しいが、その附録に「入港船のひとつの参考として」示されたものが、次頁の表である。[3]

この物価表は、リュードルフが下田で生活したおよそ六ヶ月に掛かった諸経費のいくつかについて、その平均的物価を示したもので、いわゆる欠乏品交易の価格とはやや異なるかもしれない。しかし、日傭い労働者が一日一九セント、炊事夫が一日三一セントで雇えた一方、鶏が一ダースで五ドル二五セントというのは、いかにもアンバランスに見える。[4] 当時、日本側が肉類やたんぱく質の提供に何らかの操作を行って、入港外国人の生活を制限しようとしたのかもしれない。ハバシャムの記録はいう。「われわれが日本にいる間、数個の卵、たまに硬い鶏肉、時として一、二クォートの生の豆以上の物を獲得できたことはなかった。米、醤油、酒だけが彼らが豊富に提供する三品目であった」(Habersham, *op. cit.*, p. 201)。

しかし捕鯨船や軍艦ではなく、商船にのって日本に乗り込んできた商人たちは、このような状況の中でもなんとか日本物産を仕入れて輸出し、その珍しさで初期利益を挙げようと試みた。カロライン・フート号の傭船を主導して「ジャパン・パイオニア」を目指したウィリアム・リード William C. Reed などがその事例である。彼らはどれほどの日本産品を買い込

表3-1 下田物価表(1855-56年)(1ドル＝1,600文)

品名	単位	銭文	ドル換算
てんぷら油	2壜	1,000	0.63
ろうそく	1箱(60-70本)	1,320	0.83
鶏	12羽	8,400	5.25
鴨	2羽	2,400	1.50
兎	1羽	400	0.25
狸	1匹	400	0.25
猪肉	1ポンド	240	0.15
鹿肉	1ポンド	300	0.19
魚	1ポンド	120	0.08
葱	1ポンド	25	0.02
人参	1ポンド	30	0.02
生姜	1ポンド	25	0.02
グリンピース	1ポンド	50	0.03
白菜	1ポンド	25	0.02
甘藷	100ポンド	1,000	0.63
胡瓜	25ポンド	550	0.34
栗	500ポンド	880	0.55
卵	50個	1,000	0.63
米	1ポンド	120	0.08
小麦粉(上)	100ポンド	5,000	3.13
小麦粉(中)	100ポンド	4,000	2.50
小麦粉(下)	100ポンド	3,320	2.08
薪	100ポンド	465	0.29
蝦	1ポンド	70	0.04
鮑(大牡蠣の一種)	1ポンド	55	0.03
酢	1壜	100	0.06
塩	1ポンド	18	0.01
唐辛子	1ポンド	400	0.25
桃	100個	250	0.16
蜜柑	100個	320	0.20
梨	100個	650	0.41
葡萄	1ポンド	150	0.09
生石灰	1ポンド	25	0.02
ニカワ	1ポンド	450	0.28
木炭	12俵	6,400	4.00
明礬	1ポンド	328	0.21
樟脳	1ポンド	600	0.38
包丁	3本	1,187	0.74
米俵	1枚	150	0.09
杉箱(註1)		2,600	1.63
木箱(註2)		4,000	2.50
鉄釘(註3)	100本	800	0.50
藁	100ポンド	400	0.25
綿	1ポンド	500	0.31
日傭い1人1日		300	0.19
炊事夫1人1日		500	0.31
大型の船(荷積用)	1隻	800	0.50

(出所)『グレタ号日本通商記』附録4。

(註1) 長さ4フィート、高さ2フィート、幅2フィート)。

(註2) 長さ4フィート10インチ、高さ2フィート4インチ、幅2フィート4インチ。

(註3) 長さ2インチ。

んだのであろうか。この購買価額の一例を見よう。

リードはその同僚のトーマス・ダハティー Thomas T. Dougherty とパートナーシップを組み、箱館において捕鯨船相手の船舶用品店を開き、かたわら日本物産の対外輸出で儲けることを目論んで来日した。しかし思わざる事情で下田に三ヶ月弱も滞在することになる一方、箱館での長期滞在や商売が認められない場合を予想し、とりあえずは帰り荷としてサンフランシスコ向けの日本品買い付けに奔走して、下田欠乏会所の最大顧客のひとりとなった。

「リードは下田にやむなく滞在した二ヶ月半の間、サンフランシスコで売れると感じた品物を選ぶことに時間を費やした。全体で、彼は一二五ケースの商品を買い、約七、四〇〇ドルを支払った。約束手形の外に、彼は金貨および銀貨で支払った。銀貨にはメキシコ銀、スペイン銀、五フラン貨、アメリカ半ドル貨があった。リードの購入リストは残っていないが、彼の獲得品には以下のようなものが含まれていた。陶器、漆器、手袋やハンカチ用の引出し付のキャビネット、テーブル、玩具、絹、クレープ、壺、色ガラス、道具箱、彩色の屏風、そしてパンチ用のボール。」(Van Zandt, *op. cit.*, pp. 197-198)

彼が振出した「約束手形」および支払いにあてた「金貨」については、のちに（第七節で）考えなければならない。ともあれ、下田において彼は少なくとも七、四〇〇ドルの日本産品を仕入れたという。これを一ドル＝一分で換算しても、日本円にして一、八五〇両になる。これは日本側にとっても一寸した商売であったにちがいない。[5] リードとダハティーは、サンフランシスコ帰着の直後に日本産品の展示会とオークションを開いてこれらを販売し、およそ二三、〇〇〇ドルの売上げを得たという。当初の計画の思わぬ挫折にもかかわらず、彼らアメリカ商人のパイオニアは、この冒険航海でとりあえずは

「まったくすばらしい仕事」をした(『グレタ号日本通商記』二三四ページ)といってよいであろう。(6)

［註］

(1) 本庄栄治郎「欠乏品貿易に就いて」『経済史研究』第一六巻第4号、一九三六年一〇月、五ページ、本庄栄治郎「下田の開港と貿易」(下)『経済史研究』第一七巻第二号、一九三七年二月、七五ページ、増田正、前掲論文、六五・六六ページ、鷲崎俊太郎「幕末期における商人移動の人口地理的分析―横浜開港に伴う豆州下田欠乏品売込人の転入経緯と世帯構成の変遷―」『歴史地理学』第四四巻第二号、二〇〇二年三月、七ページ。

(2) 本庄、前掲「欠乏品貿易」、七ページ。なお、箱館の事例では「物品は総て元価に三割五分を加へて売渡し、その内二割を用達《ようたし》に与へ一割五分は官の所得とした」ともいうが(本庄栄治郎「箱館に於ける欠乏品貿易」『経済論叢』第四六巻第六号、一九三八年六月、一四ページ)、下田、箱館とも付加の実態については不明。

(3) フリードリッヒ・リュードルフ(中村赳訳)『グレタ号日本通商記』(「新異国叢書」第Ⅱ輯3)雄松堂出版、一九八四年、附録4。ただしこの表は抄訳であって、本来はもっと長いという。これと同様の「物価表」としては、カロライン・フート号が出港の際に買入れた船用品の物価表があり(Van Zandt, *op. cit.*, p. 196)、またハリス日記にも(まだ香港滞在中の七月六日の項に上海駐剳副領事カニンガムから得た情報として)上海と下田の物価比較表が載せられているが(『ハリス日本滞在記』岩波文庫版(上)二六四ページ)、前者は一一品目、後者は七品目に留まるので、この表との比較は省略する。

(4) 因みに、安政期の江戸の人足が一日三五〇文であったという証言がある(篠田鑛造『幕末百話』角川選書版、一九六九年、五五ページ)。またハリスが使っていた日本人家僕の俸給は(ハリス日記から計算すれば)月一両二分、馬丁が月一両二分であった(地方史研究所、前掲書、七三九ページ)。

(5) リードとダハティーとは別勘定でドーティーもまた日本物産の買付けを行い、カロライン・フート号の帰国に際してはウォース船長も船用欠乏品の買入れも行っている。Van Zandt, *op. cit.*, pp. 195-196, p. 277.

(6) さらに、後に第七節で見るように、彼らは七、四〇〇ドルのうち二、四九〇ドルを約束手形で支払い、結局この決済を行わなかった模様である。そうすると彼らは、コスト四、九一〇ドル(あるいはもっと低価)で二三、〇〇〇ドルの売上げを得たことになる。

四　日本における「銀高・金安」問題

さて、ハバシャムがいう「日本人は金よりも銀を好む」という表現は、この時期の日本体験記にかなり頻繁に現れる。ただ、これには思わぬ多面的な側面があって、かなり慎重な検討を必要とする。まず、これを欠乏会所の日本人商人の立場から見ることにして、ペリー艦隊のドル談判における金貨価格の設定の舞台に立ち戻ろう。

第一節の考察では、（当時の東アジアの国際通貨としての「洋銀」を念頭において）主に銀貨価格の設定を見てきた。[1] 金貨についてはどのような折衝があったのであろうか。ペリー艦隊の報告書のいうところはこうである。[2]

「一両の重量の金は通貨十九両に評価され、一マースは一両九マースに評価さる。金弗は大体五キャンダリーンに評価さるるも、日本人はそを二十弗貨幣の二十分の一［訳文の誤記十二分の一を訂正］と換算し、二十弗貨幣をば八マース八キャンダリーンとなしたる故、一弗は四キャンダリーン四キャッシュに過ぎず。この秤量によれば一金弗は、十九両の価値ある地金一両と比較したる場合には八百三十六キャッシュの価値あり、二十弗貨幣は一六、七二〇キャッシュ即ち十六両七マース二キャンダリーンの価値あることとなる。……その結果右の評価によれば金は［銀の］五十パーセントとなりて、吾々にとりては銀によつて支払ふよりも一層悪し。」

この説明も、銀貨価格の場合と同様、あいかわらず理解に難しいが、（銀貨の場合の注釈をも思い出して）要約すれば、こういうことになるであろう。①日本においては、銀貨と同じく金貨についてもドル貨は地金価値しか持たないこと、② 金の重量一両は通貨価値としては一九両に評価されること、③ 二〇ドル金貨から換算した金一ドルの地金は四キャンダリーン四キャッシュになること、④ この地金を通貨価値に換算すると八三六キャッシュ、すなわち八三六文となること。したがって、⑤ 銀ドル一ドル＝一、六〇〇文と比べれば、金ドル一ドル＝八三六文はさらにその半額価値しかないことになる。(3)

銀に比べて金が半額に値切られるのはアメリカ側である。しかし日本人商人にとっては、同じ一ドルの正札のついた商品を売ったとしても、銀ドルで受取ると一、六〇〇文になるのに、金ドルで受取ると八三六文にしかならないから、金ドルより銀ドルで受取るほうがはるかに得になったであろう。

さて、この状況を幕府側から見ればどうなるか。いま一〇ドルの商品を売り上げてこれを十ドル(イーグル)金貨(量目一六・七グラム、品位九〇〇・〇、その純金量一五・〇グラム)一枚で受取るとしよう。これを天保小判(量目一一・二五グラム、品位五六七・七、純金量六・四グラム)に改鋳するとすれば(とりあえず小判に含まれる銀量は無視するとして)二・三両余。一方、これを銀ドル貨(量目二七・〇グラム、品位八九八・〇、純銀量二四・二グラム)で受取るとすれば一〇枚になるが、それを天保一分銀(量目八・六グラム、品位九八八・六、純銀量八・五グラム)に改鋳するとすれば、二八枚半、すなわち七両余となる。どちらもかなりの改鋳益がでるが、金よりも銀のほうが改鋳益ははるかに大きかった。幕府としてもまた、金ドルよりも銀ドルの支払いを好む理由があったのである。

さらに、ハバシャムの指摘の最後の部分、「金銀の価格差」問題には、もうすこし掘り下げて考察しておく必要がある。そこでもう一度「ペリー報告」に戻って、金の地金重量一両が鋳貨になると一九両に当たり、(第一節で述べた)銀の地金重量一両は鋳貨になると四両四マースに当たる、という事実から導かれる日本の金銀比価は何か。すなわち、一対四・三[4]。このときの中国を含む世界の金銀比価がおよそ一対一五。もしも、外国から日本に銀貨を持ち込んでこれを量目で一分銀に替え、それで金小判を買い、これを外国に輸出して一対一五で銀貨に交換できるとすれば、一体どれほどの儲けになるか。しかし当面の条約では、「金を買い上げて国外に持ち出す可能性はないのだから、この事実はほとんどその重要性を失っている」。この時日本人には、まだこの事実の重要性はほとんど認識されていなかった。しかしハバシャムはこれをはっきりと認識していた。そして、やがて「日米修好通商条約」の締結と横浜開港によって「その可能性が」現実のものとなった時に何が起こったのか。それについては後に第六節で触れる。

［註］

（1）「洋銀」とは、狭義には一九世紀中葉以降東アジアの貿易通貨として広く流布したところの、スペイン領メキシコで輸出用として作られた八レアル銀貨（メキシコ銀、墨銀）を指すが、広義には、これに倣って作られたアメリカ合衆国一ドル銀貨、フランス領インドシナで作られたピアストル銀貨、イギリスが香港で作った香港ドルを含む。

（2）『ペルリ提督日本遠征記』（下）七八九ページ。なお日本側の資料については、前掲第一節註（2）を見よ。

（3）田谷博吉によれば、銀貨を鑑定した銀座に比べて金貨を鑑定した金座の検定結果がやや不正確で、本来（の双替相場）よりも金貨がさらに過少評価されたという。田谷、前掲書、四二九ページ。

（4）もう少し厳密に、天保期の一分判（純金量一・五九八グラム＋純銀量一・二〇〇グラム）と一分銀（純銀量八・五二八グラム＋純金量〇・〇一九グラム）との金銀比価を取れば一対四・六四一である。山本有造『両から円へ―幕末・明治前期貨幣問題研究―』ミネルヴァ書房、一九九四年、七七ページ、註（7）。

五　フート号「輸入関税」問題とその処理

日本政府の「無知と頑迷」によってせっかくのパイオニア計画を妨害されたカロライン・フート号の商人、リードやダハティーやドーティーたちは、サンフランシスコに帰りつくや地元新聞やワシントン政府に働きかけて、自分たちに加えられた不当と侵害を大いに吹聴し、さらには損害賠償を求めて司法にまで訴えた。その要点は、①「和親条約」で保障されている（と彼らが理解した）アメリカ市民の居留権侵害の問題、ならびに② ペリーがみとめた「一ドル＝一分替え」から派生する不当な（と彼らが理解した）貨幣評価の問題、に整理できる。

前者は、条約第五条の「当分の滞在」すなわち temporary living に関する解釈の相違の（しかし結果としてはパイオニアたちの思い込みの）問題であった。日本側がこの条項を、あくまで緊急避難的船舶に対する例外的措置、すなわち数日の逗留と必需品の交付と見做したのに対して、パイオニアたちは条約第七条と合わせて、下田および箱館の一種の「開港」措置と見做し、家族連れでの居留と貿易を主張したのである。彼らのキャンペーンも与って、これらの問題はアメリカ中の世論を喚起し、国務省をも動かし、やがてハリスの来日につながることについては、第二章で述べ、また次節でも触れる。ここでは、後者の特殊事例として、カロライン・フート号のサンフランシスコ入港時に発生した輸入関税額の査定問題を取上げよう[1]。

一八五五年九月一七日にサンフランシスコに入ったリードとダハティーは、積荷の陸揚げと入管手続きをG・P・ポスト商会に委託し、チャールス・ブルークス Charles Brooks が担当して関係書類を税関に提出した。この書類では、日本での物産の買付けは日本の一分銀および銅銭で行われ、その総額は七、五四六分《ぶ》であるが、一分銀は米貨三六セントにあたると主張した。これに対して関税職員ミルトン・レイサム Milton Latham はこの書類の受取りを拒否し、支払われたドルの額で申請しなければ荷物の引取りは出来ないと宣告した。そこでブルークスは改めて一分銀一枚を三六セントではなく一ドルで換算した目録と書類を作り直して提出した。この結果査定された輸入税は、当初の八一五・一〇ドルではなく、二、二六三・八〇ドルになった[2]。リードとダハティーがこの巨額の税金を取りあえず支払ったのは、一日も早く荷物を陸揚げし、物珍しい日本産品が新鮮なうちにオークションで売り捌きたかったからであろう。

リードとダハティーは、オークションが成功裡に終わったのち一〇月一一日に輸入日本商品の再査定を要求したが、徴税官は連邦査定官と相談の上でこれを却下した。リードとダハティーは直ちに上訴したが、これも却下された。

リードはあきらめなかった。一八五六年九月二六日、連邦巡回裁判所に対して徴税官レイサムに対する告訴が起された。ウォース船長やブルークスもくり返し証言台に立ち、実に九年をかけて審理が行われた。ついに一八六五年六月二〇日、裁判長は本来の輸入税額を八一五・一〇ドルと査定し、支払い済み額の二、二六三・八〇ドルとの差額一、四四八・七〇ドル、ならびに一八五五年九月二〇日からの利息一〇パーセント、さらにこの間の諸費用七六・九〇ドルを加えて、総額二、九三八・一八ドルの支払いを命じた。この間に「日米修好通商条約」がすでに調印され、「一ドル＝三分替え」の原則（後述）を過去に遡って適用した判決となったものであろう。

これは、リードとダハティーにとっては執念の、そして日本に関わる訴訟におけるほとんど唯一の勝利となった。

日本側の妨害による損害賠償に関する訴訟は、もう少し悲喜劇的であった。一八五六年にはじまり、ダハティーがもっぱら取り組んだこの訴訟は、一八七五年にダハティーが死んだ後もダハティー夫人やリードに引き継がれてくり返し蒸し返された(3)。国務省との間で無益な応酬が繰り返されたが、一八九九年一月二五日にいたってついにその跡を断った（Van Zandt, *op. cit.*, Chap. 14）。日本においては、すでに明治も三二年目を迎えていた。

なお、サンフランシスコ港の荷揚・入管業務を請負うポスト商会のクラークであったチャールス・ブルークスは、これを契機に日本との関係を深めた。一八五八年には、彼が船主であったソフィア号 *Sophia* が箱館へ雑貨類を運んだ。一八六〇年には咸臨丸来航に際して市の歓迎委員を務め、一八六一年には「お雇い」鉱山技師ブレーク William B. Blake とパンペリー Raphael Pumpelly の招聘を斡旋し、一八六七年にはサンフランシスコ駐在の日本名誉領事（貿易事務官）に任命された。さらに明治維新の後も、一八七一年には岩倉使節団を迎えてこれに同行補佐するなど、永く日米親善に尽くしたことで知られることになった(4)。

［註］

（1）以下本節は、主に、Van Zandt, *op. cit.*, Chap. 11, Chap. 14. に拠る。

（2）物品購入額を七、五四六分《ぶ》というのはリードの証言であるが（Van Zandt, *op. cit.*, p. 366）、これを一分＝三六セントで換算すると二、七一七ドル、一分＝一ドルで換算すると七、五四六ドルになる。なおこの時の輸入税率は三〇パーセントであった模様。

（3）　このなかでの面白いエピソードとして、一八六四年（元治元年）の下関砲撃事件に関して幕府から関係四ヶ国に支払われた「下関賠償金」三〇〇万ドルのことを知ったダハティーが、一八七三年にいたって、「日本政府の不当な行動によって合衆国市民が蒙った損失あるいは損害への賠償として日本から合衆国に支払われた資金を、合衆国政府あるいは関係各省に請求し、回収し、受領する」権限をワシントンの弁護士に与えていることである（Van Zandt, *op. cit.*, p. 361）。残念ながら、下関賠償金は一八八三年（明治一六年）二月にアメリカが受取った全額七八万五千ドルを日本に返還して処理を終わった。

（4）　Van Zandt, *op. cit.*, pp. 370-371、武内博（編）『来日西洋人名事典』日外アソシエーツ、一九八三年、二五九―二六〇ページ。

六　ハリス着任と「一ドル＝三分替え」の成立

カロライン・フート号の帰国と乗客のキャンペーンが引き起こした、ペリー条約の「不備」に対する不満と日本政府の「姿勢」に対する憤激は、一時は「砲艦外交」による解決という国民世論までも醸成する勢いであった。しかし、多方面からの新聞報道と論説により事実が明らかになるにつれて、世論も落着きを取り戻した。一八五五年一一月一日付けのワシントンの有力新聞ナショナル・インテリジェンサー紙は、次のような論説を載せた（Van Zandt, *op. cit.*, p. 325）[1]。

「これらの紳士［リードとダハティー］が申し立てた条約下での権利なるものは、彼らが主張する範囲までは認められないであろう。この問題についてのわが国内の意見にはさほど重大な多様性があるとは思わない。……リード、ダハティー両氏が日本人との間に引き起こした最近の困難事は、［このたび任命された］われわれの対日代表［ハリス］による一層突っ込んだ交渉の機会を与えるであろうし、ペリー提督の最初の立場を一歩進めることを可能にするであろう。」

初代駐日総領事（および外交代表）タウンゼント・ハリス Townsend Harris が汽走フリゲート艦サン・ジャシント号 *San Jacinto* に送られて下田に入港したのは一八五六年八月二一日（安政三年七月二一日）、通訳のヘンリー・ヒュースケン Henry C. J. Heusken と中国人従僕五人を伴って柿崎の玉泉寺に入り、「最初の領事旗」を掲揚したのが九月四日（八月六日）のことであった。

日本に向かうハリスに与えられた国務長官ウィリアム・マーシー William Marcy の訓令が、（下田と箱館でカロライン・フート号乗客の権利のために大いに尽力した）アメリカ海軍北太平洋測量遠征隊のロジャーズ司令官 John Rodgers が送った詳細な報告書をよく読んだ上で作成されたことは、夙に知られている。ハリスに与えられた主要な任務は、まず「和親条約」の不備（すなわちリードやダハティーたちが遭遇したアメリカ市民の居留権の問題ならびに内外貨幣の不等価交換の問題、等）を解決すること、そしてその上に正式な「通商条約」を締結することであった。(2)

当初「砲艦外交」に頼ることができなかったハリスが、粘りで勝ち取った最初の成果が一八五七年六月一七日（安政四年五月二六日）下田で調印された「下田協約」全九条であり、前者の課題を解決するとともに、後者の背景を準備するものとなった。ここではとりあえず、「下田協約」第三条の貨幣条項について検討することにしよう。

第三条　亜米利加人持来る所の貨幣を計算するには、日本金壱分或は銀壱分を日本分銅の正きを以て金は金銀は銀と秤し、亜米利加貨幣の量目を定め、然して後吹替入費の為六分丈の余分を日本人に

渡すへし

この条項によって日米通貨の交換比率は、金貨は金貨、銀貨は銀貨同士の（品位は問わない）量目によって等価し、改鋳費としてアメリカ側が六パーセントを負担することと定められた。これによりペリー艦隊が定めた一ドル＝一分という交換率が改定されて、およそ一ドル＝三分に評価されることとなり、ドル貨の価値はこれまでに比べて一挙に三倍に跳ね上がることとなった。

貨幣談判における議論の第一、「同種同量」交換については、たまたま日露和親条約の批准書交換のため下田を訪れたロシア使節ポシェート大佐 Captain Konstantine Pos'et の側面援助を得て、一八五七年一月二五日（安政三年一二月晦日）にはほぼ同意がなった。第二の「改鋳費」については、幕府側は当初二五パーセントを要求して膠着したが、結局、取りあえずは六パーセントで互いに妥協することで決着した。第三の、ハリスが主張する外貨と日本貨幣との「兌換・両替」は、幕府の最も忌避するところであった。幕府は、開港地における「欠乏品交易」についてはすべて「欠乏会所」における官営管理貿易として行い、外国人が日本の貨幣を持って市場で自由に売買することを許すつもりはなかったからである。

こうして「下田協約」の貨幣条項は一応の決着をみた。幕府はこれをもって当面を糊塗したつもりでいたが、ハリスがさらに出府要求をくり返し、結局一八五八年七月二九日（安政五年六月一九日）「日米修好通商条約」締結にいたった経緯については、すでに幕末外交史に詳しい。「下田協約」第三条との比較のために「通商条約」第五条を挙げよう。

第五条　外国の諸貨幣は、日本貨幣同種類の同量を以て通用すへし（金は金、銀は銀と量目を以て比較するを云）、双方の国人互に物価を償ふに日本と外国との貨幣を用ゆる妨なし
日本人外国の貨幣に慣されは、開港の後凡一箇年の間、各港の役所より日本の貨幣を以て亜米利加人願ひ次第引換渡すへし、向後鋳替の為め分割を出すに及はす、日本諸貨幣は（銅銭を除く）輸出する事を得、竝に外国の金銀は貨幣に鋳るも鋳さるも輸出すへし

「下田協約」第三条における議論の第二点、幕府が当初固執した六パーセントという改鋳費が「通商条約」第五条で削除されたのは、議論の第三点、すなわち貨幣交換は原則的に認めないという点を優先させる幕府の意図に関係した。貨幣交換を認めない以上、改鋳費を求めることは不要というのが、幕府の主張にあった。しかし現実の「通商条約」第五条では、貨幣の直接交換を拒否するという幕府側の言い分を原則的に認めるとして改鋳費はナシ、ただし相互に不慣れな開港後一年間は内外貨幣の直接交換を例外的に認めるとした。さらには（国際慣習上当然ともいえる）貨幣輸出禁止規定までをも放棄した、誠に不合理・不平等な条項に終わった。ここにおいて、内外貨幣の交換レートは公式には洋銀一〇〇枚＝一分銀三一一枚、一般通用には「一ドル三分替え」が定められ[3]、かつ外国人は金銀貨ともに交換、輸出する自由を得たのである。

「金銀複本位制」的な貨幣世界に生きたハリスが、内外貨幣の交換にあたって、金は金、銀は銀による「同種同量」原則を主張したことは理解できる。しかし、その貨幣理論が当然の「文明国標準」であった

かどうかとなれば、話は別である。

江戸時代における貨幣システム、いわゆる「三貨制度」についてここで詳述することはやめる。すくなくとも幕末期の日本についていえば、小判を本位貨とする「金本位制」であったと理解するのが正しい（山本、前掲書、第一章）。それでは、外からきた「洋銀」と対峙させられた「一分銀」とは何であったか。これは本来の銀貨ではなく、金貨を補助する定位貨幣 token coin であった。しかし天保一分銀が大量発行されるようになって、通用正貨の大半が一分銀になり、外部から見れば日本は「銀貨国」かの如き様相を呈していた。

したがって問題の第一は、東アジア貿易の価値基準であり交換手段であった「洋銀」と定位貨幣である「一分銀」とを裸で重量比較を行い、「一ドル＝三分替え」が強制された結果、これがドル貨の貨幣価値（すなわち購買力）を一挙に三倍に跳ね上げ、日本の対外物価を一挙に三分の一に切り下げたことである。欧米資本の対日通商貿易の貨幣的基盤はこうして完了した。

問題の第二は、鎖国のうちで形成された本位貨の一分判金と定位銀貨の一分銀（あるいは小判一枚と一分銀四枚）とから、人工的に計算された国内の金銀比価一対四・六四が、裸で欧米の金銀比価一対一五に対峙させられたことである。一〇〇枚の洋銀を香港あるいは上海から持ち込んでこれを三〇〇枚の一分銀に換える。三〇〇枚の一分銀すなわち七五両を小判に換えてこれを香港あるいは上海に輸出し、国際比価で三〇〇枚の洋銀と交換することができたとすれば、一回の資金回転で理論上は二〇〇パーセントの利益を得ることができる。開港直後の横浜居留地外商が、商売をそっちのけにして、この「人口に膾炙した小判輸出」（カール・ラートゲン）に狂奔した姿はオールコックの証言に生々しい。

それでは、鎖国下日本における金銀比価およそ一対五を国際標準の一対一五に合わせるにはどうするか。幕府が取った方式は、本来補助貨である銀貨の量目を三倍にする「銀貨良鋳」方式であった。いわゆる「安政改鋳」で生まれた「安政二朱銀」がこれであって、天保一分銀よりもはるかに重く、洋銀一枚のちょうど半分にあたる二朱銀貨を新鋳し、これ二枚（すなわち一分）が洋銀一枚と「同種同量」となる。「一ドル＝一分替え」の復活であると同時に、金銀比価を一対一七・二三とし、国際的平準化も達成する。(4)

しかし欧米資本には、折角ハリスが獲得した「一ドル＝三分替え」、「日本の金安」利権を手放すつもりは毛頭なかった。列強外交代表の強硬な抗議に屈して幕府が余儀なくされた「万延改鋳」では、一転して「金貨悪鋳」方式をとる。これまでの天保小判に比してその実態を三分の一に減じた「万延小判」（および主に「万延二分金」）を新鋳し、通用一分銀との金銀比価一対一五・七〇を実現する。しかし、日本の本位貨である小判を三分の一に貶質化させたこの貨幣改革は、新しい貨幣問題を胚胎していた。①金貨幣資産が三倍増されたことによる一般物価の高騰、②金平価の切り下げによる金両の対外購買力の三分の一縮減と輸入財価格の三倍の騰貴。これらは幕末維新期のハイパー・インフレーションの引き金を引くとともに、近代化路線を目指す幕府財政に大きな圧迫要因となった。(5)

やや話が進みすぎた。それでは「一ドル＝三分替え」の維持、「金価格の三倍増」の実現が「異人たち」に何をもたらしたか。その奇妙な事例を次に見よう。

［註］

（１）こうしたジャーナリズムの鼓舞的な論調とはやや対照的に、国務長官マーシーが、リードやダハティーの性急な行動に対して今後のハリスの交渉に支障をきたすのではないかという不快感を示しているのは興味深い。第二章第六節、参照。

（２）一八五五年八月一四日にハリスが日本駐劄総領事に任命されると、国務長官マーシーは九月一二日から一〇月四日の間に六通の訓令を発し、和親条約の問題点とその改定を指示している。特に一〇月四日の訓令は、ロジャーズ司令官からの報告をもとに詳細な指令を行っている。Diplomatic Instructions, 1801-1906, Japan, General Records of the Department of State, National Archives, Washington D. C.（横浜開港資料館「海外資料」N. A. M. 77）。Van Zandt, *op. cit.*, pp. 297-298、嶋村元宏「下田におけるハリスの政策」横浜開港資料館・横浜近世史研究会（編）『一九世紀の世界と横浜』山川出版社、一九九三年、参照。

（３）この場合、外からは主に一八二五年以後の鋳造にかかるメキシコ銀（量目二七・〇〇グラム、品位八九八・〇、純銀量二四・一九グラム）、内からは当時の正貨として最も多く流通した天保一分銀（量目八・六三グラム、品位九八八・六、純銀量八・五一グラム）の量目による同量比定であったとされる。山本、前掲書、七〇ページ。

（４）この時幕府が、ハリスによって破られた威信の回復のために実に緻密な計算のうえに行動したことについては、三上隆三による詳細な検討がある。三上、前掲書、第三章、一一一ページ以下。

（５）「万延幣制改革」の性格について、新保博は「いってみれば国際的均衡を回復するために、国内均衡を犠牲にしておこなわれた貨幣改鋳であった」と要約する。新保博『近世の物価と経済発展―前工業化社会への数量的接近―』東洋経済新報社、一九七八年、二八九ページ。またこれに伴う貨幣インフレーションについては、山本、前掲書、八ページ以下、六六ページ以下、ほかを見よ。

七　フート号「未払金」問題とその処理

一八五五年六月（安政二年四月）、フート号の下田退去に際して、リードとダハティーが購入した日本物産七、四〇〇ドルのうち、「未払金」（すなわち幕府への負債）の処理が問題になった[1]。

日本側の史料によれば、奉行所との会談においてリードは、「当所に於て相求め候品物代料、凡そ五千二百ドルラル程に相成り」といい、現在のところ銀貨二、〇〇〇ドルと金貨二、〇〇〇ドルしか持ち合わせていないので、不足分一、二〇〇ドルは手形で残し、一度サンフランシスコへ帰ったのち再び当所へ戻った節、「此度相納め置き候 金ドルラル并に不足の分、銀ドルラルにて引替え決算勘定仕るべく」、ダハティーと連名の誓約書を残すと主張した、という。[2]

ところが、この債務を最終的に処理することになったアメリカ側、ハリスの報告によれば、景色は大分変わってくる。一八五九年八月二二日付け（すなわち問題発生から実に四年後の）国務長官ルイス・キャス L. Cass 宛の報告において、ハリスはこのようにいう。[3]

「一八五五年五月、アメリカのリード＆ダハティー商会が下田の日本当局に五、七三一ドルの借越を作りましたが、その負債の一部は一、四九〇ドルと一、〇〇〇ドルの二枚の約束手形で支払われました。……残額の三、二四一ドルについては、彼らは保証金の一部としていくらかの金貨と、併せて「手形支払いの節には金貨についても銀貨に転換して決済する旨の」両者連名の誓約書を残しました。」

しかし一八五五年八月付けの二枚の「約束手形」は支払われず、日本側がわずか五八三ドル九〇セントと査定した（という）「金貨預け金」も決済されず、結局その処理はハリスに委ねられた。

まず前者の「約束手形問題」は、ハリスが下田に到着する直前、一八五六年八月一三日付けの（アメリカ海軍北太平洋測量遠征隊）ロジャーズ司令官からの覚書により国務省の知るところとなり、同八月一九日付けマーシー国務長官からハリス宛の訓令によって調査が命ぜられた（ただしハリスが受取ったのは一八五七年一〇月二〇日であるという）。その後ハリスが「下田協約」と「修好通商条約」の締結に奔走して多忙であったせいであろうか、あるいはハリスに何らかの思惑があったからであろうか、決着は一八五八年夏まで引き延ばされた。一八五八年七月三一日付けハリスから国務長官キャスへの報告において彼はいう。[4]

「私はこの事件の諸事実を調査し、次のことが分かりました。日本側はリードとダハティーが署名した二通の手形を持っており、一通は一、〇〇〇ドル、もう一通は一、四九〇ドルです。そこで私は、次のアメリカ船が到着し次第、これらの手形の支払いを行う事を当局に通知しました。また同時に次のことも通知しました。わが政府がこの負債を支払うという事実は今後の先例と見做すべきでないこと、これを支払うことには同義的にも法律的にも義務があるわけではなく、日本側の信頼に起因する損失から彼らを助けたいという希望によるものであること、また将来にわたって私人により契約された日本に於ける負債が合衆国政府により支払われることはないこと。」

「リードとダハティーの手形はドルで支払われるよう振出されましたが、〔振出し〕当時のドルは日本の一分と同価だと考えられていましたから、私は日本側にこの額を二、四九〇枚の一分で支払いました。一分は、一八五七年六月一七日の下田協約では三四セント二分の一に等しいとしていますから、この支払額は八五九・〇五ドルになり、下田協約の実行により一、六三四・九五ドル〔一、六三〇・九五ドル？〕の節約になることが示されました。」

ドル払いの手形を「一ドル＝一分替え」時代の論理を持ち出して一分銀で支払い、原価を大幅に値切ったハリスの行為が道義的であったか否かについては、やや疑問が残ろう。またこの手形の支払いにアメリカ政府として「同義的にも法律的にも」義務を負わなかったとしても、この未払い手形問題のために後来の外国人が大いなる迷惑を蒙ったことは、例のリュードルフの手記からも明らかである。

「リード氏およびドジャーティ氏〔ダハティー氏〕が千五百ドル〔正しくは二千五百ドル弱〕の負債を残して帰国してしまったことは、アメリカ人をはじめ全外国人の信用を落としてしまった。この人たちが出帆後、多くのアメリカ船が下田港に来たが、食料品その他の品物の購入にあたり、非常な困難を感じた。ごく些細なものでさえ、前金を払わなければ、日本人が提供を肯んじなかったからである」(『グレタ号日本通商記』附録2、三一二ページ)。

さて後者、「日本側が五八三・九ドルと査定した金貨による預け金」について。この「査定額」なるものについても、「預け金」なるものについても、実はよく分からない。

日本側の資料によれば、リードは持ち合わせた(銀貨二、〇〇〇ドルに加えて)金貨二、〇〇〇ドルを幕府への負債の支払いに宛てようとしたが、第四節に述べたような事情で幕府側が受取りを忌避したので、これを取りあえず「相納め置き」、後日手形とともに決済するつもりであった(という)。金貨二、〇〇〇ドルを、第四節で示した①ペリーの貨幣談判による金ドル一ドル=八三六文で換算すれば一二六一両余、②銀一ドル=一、六〇〇文から単純に二、〇〇〇ドルを計算すれば五〇〇両となる。

ともかく、この件もまたハリスの処置に任された。[5] そしてここでもハリスは、手形の場合と同じく、「一ドル=一分替え」のマジックを使った。一八五八年一一月、金貨を保証金とした借財の総額三、二四一ドルを三、二四一枚の一分銀で支払って(つまり「下田協約」の一分=三四・五セントで換算すれば一、一一八・一五ドルに値切って)、金貨を取り戻した。そして一八五九年一月にはこの金貨を銀貨に替えて(どこで?だれと?)、二、二六六・七八ドルを得たという。この一連の取引において、ハリスは一、一四八・六三ドルの節約をした（2,266.78－1,118.15＝1,148.63）と誇っている。この余剰金は国庫へ入ったのであろうか。ハリスの手元に留まったのであろうか。しかし本来はリード&ダハティーとの間で清算されるべきものではなかったか。これらについても、今となってはもはやよく分からない。

［註］

（1）本節の考察は、Van Zandt, *op. cit.*, Chap. 14 に示唆を受けているが、史料の解釈と結論にはいささか異なるところがある。

（2）『幕末外国関係文書』二一―三「四月十四日　下田仮御用所対話書　普請役森山多吉郎と米人リードと　欠乏品代料支払幷下田引払の件」。

（3）Harris to Cass, Aug. 22, 1859, Diplomatic Despatches, Japan, 1855-1906, General Records of the Department of State, National Archives, Washington D. C.（横浜開港資料館「海外資料」N. A. M. 133）。

（4）Harris to Cass, July 31, 1858, Diplomatic Despatches, Japan, 1855-1906, General Records of the Department of State, National Archives, Washington D. C.（横浜開港資料館「海外史料」N. A. M. 133）。

（5）Harris to Cass, Aug. 22, 1859, Diplomatic Despatches, op. cit.

おわりに

「通商条約」の発効と横浜開港に伴い、下田港は一八五九年一二月三一日（安政六年一二月八日）をもって鎖港となる事が決まった。早くも同年六月三〇日（同年六月一日）には欠乏会所が閉鎖され、七月二六日（六月二七日）には欠乏品世話役に対し「御免」が言い渡された（地方史研究所、前掲書、七五三ページ）。一八五四年三月三一日（安政元年三月三日）の「和親条約」締結と下田開港以来の「異国船」の賑わいは去った。

ハリスもまた、一八五九年六月二日（安政六年五月二日）には下田の総領事館を閉鎖し、江戸の麻布・善福寺に公使館を移した。「ハリスの日記」も「ヒュースケンの日記」もこのあたりは空白で、彼らが下田を去るにあたっていかなる感懐を抱いたか、いま知ることはできない。

［幕末幣制に関する簡単な補註］

江戸時代の貨幣制度は、一般に、金・銀・銭の「三貨制度」といわれる。すなわち、四進法の両《りょう》・分《ぶ》・朱《しゅ》を単位とする計数貨幣の金貨、匁《もんめ》をもって測られる秤量貨幣である銀貨、そして文《もん》を単位とする計数貨幣の銭貨が並行通用したからである。しかし銭貨を日用通用の補助貨幣とみなせば、「江戸の金遣い・上方の銀遣い」といわれるように、永らくの慣習の上に、関東においては小判・二分判などの金貨が、関西においては丁銀・豆板銀（小玉銀）などの銀貨が、主要な計算・決済通貨とされてきた。

この事情を大きく変えたのが、明和七年（一七七二）「南鐐《なんりょう》二朱銀」にはじまる計数銀貨の鋳造であった。これには、日常における秤量銀の使い勝手の悪さに対応するとともに、江戸経済の発展を背景に東西通貨の統一を図るという、幕府の政策的意図があったものと思われる。したがってこの銀貨は、単に銀貨に計数貨幣の便を図るだけでなく、金単位を持つ銀貨であって、「金代わり通用の銀」と呼ばれたように、本位的貨幣である小判などの金貨を補助する貨幣の意味を持つものであった。

この計数・補助銀貨の普及を大きく推し進めたのが、天保八年（一八三七）にはじまる「天保一分銀」の大量発行である。この背景には、幕府財政の悪化に伴う貨幣の悪鋳＝「出目《でめ》」の獲得という第三の理由があり、その全国的流通が図られた結果、それまでの金銀体系に大きな変化がもたらされた。すなわち、（一）本来の銀貨である「正銀」（秤量銀貨）の退場と「銀目」（秤量銀による価格表示）の計算貨幣化、（二）金位を持ち、品質の劣る計数銀貨の濫鋳とそれに伴う銀貨の金貨体系への包摂である。ここにおいて徳川幣制は、「両」を「基本単位」とし小判ほかの金貨を「本位貨」とする金本位制（「両」金本位制）の全国的展開という大きな再編を見たのである。しかし、実際の流通貨幣の多くを一分銀に代表される補助・定位銀貨が占めたために、外部から見れば、小判ほかの金貨と一分銀が並行する金銀複本位制的な様相を呈した。ペリーからハリスにいたる内外貨幣交換率の制定と改定の背後にあり、事態を混乱に陥れた基本要因はここにあったといえる。

なお付け加えれば、南北戦争以前のアメリカ合衆国幣制は金銀複本位制であったと考えられ、一八四〇年ころから鋳造された一連の金貨（一ドル、二・五ドル、五ドル、一〇ドル、二〇ドル）とドル銀貨が通用していた。

また上海を中心とする中国開港地においては、いわゆる「メキシコ銀」を中心とする「洋銀」（本章第四節註（1）参照）が、貿易の価格基準ならびに決済手段として広く流通した。

あとがき

ウィリアム・リードやトーマス・ダハティーに率いられて日本にやって来たカロライン・E・フート号の乗客たちは、パイオニア精神にあふれたまさにアメリカン・デモクラシーの子であった。彼らは、新たなフロンテアの開拓を自らの使命であり、かつ権利であると信じていた。同時に彼らは、市民の権利を日本人に知らしめることもまた自らの任務であり、かつ責任であると信じていたに違いない。

この、やかましいアメリカ人のやかましい要求には、江戸の幕閣から現場の小役人まで、さぞ手を焼いたことであろう。しかし、このやかましさの一部が彼らの少々お節介な啓蒙精神の発露であることが分かってみれば、むしろロシア人よりもフランス人よりも金離れが良く、闊達で楽しい人々であると思ったことであろう。ましてや、容顔美麗な婦人や綺麗な児共《こども》らの姿は、町の人々の心を和ませた。

またアメリカ人からすれば、つねに付き纏ってスパイ行為をつづける役人にしても、こずるく立ち回る欠乏会所の商人にしても、また物見高くて遠慮の無い庶民にしても、すこし付き合ってみれば、日本人が清潔で賢い人々であることにすぐに気がついたことであろう。

しかし、「和親条約」がもたらした下田におけるこうした牧歌的な日米交流も、「通商条約」締結とともにすぐに過去のものになった。横浜に豪壮な甍《いらか》を連ねる「外商」たちのなかで、アメリカ人は、イギリス人やフランス人やドイツ人の群れの一部に紛れ込んでしまった。日本という神秘の国の扉を最初に開いたことを誇りにしたアメリカ国民も、南北戦争に取り紛れて、しばらくは日本を忘れることになった。太平洋航路におけるアメリカ立地の優位もまた、スエズ運河の開通によるインド航路の拡大によってイギリスに奪われることになった。

小著では、カロライン・フート号の冒険旅行を主な素材にして、本格的な「開国」に先立つアメリカ人と日本人のはじめての出会いを、「大きな歴史」としてではなく、社会史的、政治史的、経済史的なエピソードを重ねる「小さな物語」として描いてみようとした。

附図　フート号関係略地図

附表　フート号関係略年表

和暦			西暦			事　項
嘉永6	6	3	1853	7	8	ペリー艦隊（4隻）浦賀へ来航
嘉永7	1	16	1854	2	14	ペリー艦隊（7隻）神奈川沖に来泊
	3	3		3	31	日米和親条約（神奈川条約）締結
	3	21		4	17	ペリー艦隊下田入津
	5	22		6	17	和親条約附録協定（下田条約）締結
	6	2		6	26	ペリー艦隊下田退去
	10	15		12	4	プチャーチン大坂より下田に回航
	11	4		12	23	大津波によりディアナ号大破（12.2 沈没）
(安政元)	12	21	1855	2	7	日露和親条約を下田にて締結
	12	27		2	13	カロライン・フート号ホノルル出港
安政2	1	27		3	15	フート号下田入港
	2	25		4	11	ロシア人（第1陣）159名フート号を傭船して帰国
	3	22		5	8	ロシア人（第2陣）48名ヘダ号により帰国
	3	27		5	13	米測量艦隊下田入港
	4	12		5	27	フート号カムチャツカから戻る
	4	21		6	5	フート号（乗客とも）下田出港
	5	1		6	14	フート号箱館入港
	5	14		6	27	フート号箱館出港
	6	1		7	14	ロシア人（第3陣）278名グレタ号を傭船して帰国
	8	7		9	17	フート号グアムを経てサンフランシスコ帰着
安政3	7	21	1856	8	21	ハリス下田に入る
安政4	5	26	1857	6	17	ハリス下田にて下田協約締結
	10	7		11	23	ハリス下田を発し江戸へ赴く
安政5	6	19	1858	7	29	日米修好通商条約を締結

■図表一覧

図 1−1	「豆州下田港入津之亜米利加婦人之図」
図 1−2	「聞集録」所載のフート号婦人図
図 1−3	「夏南破男志」所載のフート号婦人図
図 1−4	「青窓紀聞」所載のフート号婦人図
図 1−5 (1)	「旅中日記」中のスケッチ（1）
図 1−5 (2)	同（2）
図 1−5 (3)	同（3）
図 1−5 (4)	同（4）
図 1−5 (5)	同（5）
図 1−6 (1)	「フート号絵巻」所載のドーティー夫人
図 1−6 (2)	「フート号絵巻」所載のリード夫妻
図 1−7	「ペリー渡来絵図貼交屏風」所載のリード夫人と子供たち
図補−1	玉泉寺アメリカ人墓地のダゲレオタイプ
図補−2	子供と犬か？
表 3−1	下田物価表（1855−56 年）（1 ドル =1,600 文）
附図	フート号関係略地図
附表	フート号関係略年表

清水康行『黒船来航　日本語が動く』（シリーズ「そうだったんだ！日本語」）岩波書店、2013年。

篠田鑛造『幕末百話』角川選書、1969年。

武内博（編）『来日西洋人名事典』日外アソシエーツ、1983年。

田中正弘「『聞集録』の編者と幕末の情報網」保谷徹（編）『幕末維新と情報』（「幕末維新論集」⑩）吉川弘文館、2001年。

田保橋潔『増訂近代日本外国関係史』刀江書院、1943年。

田谷博吉『近世銀座の研究』吉川弘文館、1963年。

アレクシス・ド・トクヴィル（松本礼二訳）『アメリカのデモクラシー』第1巻（上）（下）、ワイド版岩波文庫、2015年。

東京国立博物館・東京大学史料編纂所（編）『（東京大学史料編纂所史料発刊100周年記念）時を超えて語るもの—史料と美術の名宝—』東京大学史料編纂所、2001年。

Howard F. Van Zandt, *Pioneer American Merchants in Japan*, Lotus Press, 1980.

鷲崎俊太郎「幕末期における商人移動の人口地理的分析—横浜開港に伴う豆州下田欠乏品売込人の転入経緯と世帯構成の変遷—」『歴史地理学』第44巻第2号、2002年3月。

山本有造『両から円へ—幕末・明治前期貨幣問題研究—』ミネルヴァ書房、1994年。

山本有造「（新刊紹介）『「お雇い」鉱山技師エラスマス・ガワーとその兄弟』」『（中部大学広報誌）ANTENNA』第13号、2012年12月。

山本有造「カロライン・フート号婦人図をめぐる若干の考察—ペリーとハリスのはざまで—」（中部大学総合雑誌）『アリーナ』第17号、2014年11月。

山本有造「下田「欠乏品交易」とその貨幣問題—ペリーとハリスのはざまで—」（大阪経済大学）『経済史研究』第19号、2016年1月。

横浜郷土研究会（編）『開港への幕臣旅中日記—加藤祐一筆「旅中日記」「挿画熱海日記」—』（「よこれき双書」第15巻）同会、1996年。

Robert Erwin Johnson, *Rear Admiral John Rodgers 1812-1882*, United States Naval Institute, 1967.

神奈川県立歴史博物館（編）『（特別展）ペリーの顔・貌・カオ—「黒船」の使者の虚像と実像—』神奈川県立歴史博物館、2012 年。

加藤祐一「旅中日記」（横浜郷土研究会（編）『開港への幕臣旅中日記』所収）。

川路聖謨「下田日記」（川路聖謨『長崎日記・下田日記』所収）。

川路聖謨（藤井貞文・川田貞夫校注）『長崎日記・下田日記』（「東洋文庫」124）平凡社、1968 年。

北原糸子『近世災害情報論』塙書房、2003 年。

国際ニュース事典出版委員会・毎日コミュニケーションズ（編）『（国際ニュース事典）外国新聞に見る日本』第 1 巻（1852-1873）本編および原文編、毎日コミュニケーションズ、1989 年。

George A. Lensen, *Russia's Japan Expedition of 1852 to 1855*, Univ. of Florida Press, 1955.

フリードリッヒ・リュードルフ（中村赳訳）『グレタ号日本通商記』（「新異国叢書」第Ⅱ輯 3）雄松堂出版、1984 年。

ワシーリー・マホフ「フレガート・ディアーナ号航海誌—ワシーリー・マホフ司祭長の 1854−55 年の日本旅行記—」（『ゴンチャローフ日本渡航記』附録、所収）。

増田正「下田の欠乏所貿易について」『歴史教育』第 14 巻第 1 号、1966 年 1 月。

三上隆三『円の誕生—近代貨幣制度の成立—』東洋経済新報社、増補版 1989 年。

三谷　博『ペリー来航』（日本歴史叢書）吉川弘文館、2003 年。

宮地正人『幕末維新期の社会的政治史研究』岩波書店、1999 年。

大久保利謙（監修）『黒船来航譜—開港への序曲—』毎日新聞社、1988 年。

ローレンス・オリファント『エルギン卿遣日使節録』（「新異国叢書」9）雄松堂出版、1968 年。

ジョン・C・ペリー『西へ！—アメリカ人の太平洋開拓史—』PHP 研究所、1998 年。

John H. Schroeder, *Shaping a Maritime Empire: The Commercial and Diplomatic Role of the American Navy, 1829-1861*, Greenwood Press, 1985.

Renata V. Shaw, "Japanese Picture Scrolls of the First Americans in Japan," *Quarterly Journal of The Library of Congress*, Vol. 25, 1968.

嶋村元宏「下田におけるハリスの政策」横浜開港資料館・横浜近世史研究会（編）『19 世紀の世界と横浜』山川出版社、1993 年。

嶋村元宏「幕末通貨問題をめぐるハリスの政策と幕府の対応」（青山学院大学史学会）『史友』第 23 号、1991 年。

新保博『近世の物価と経済発展—前工業化社会への数量的接近—』東洋経済新報社、1978 年。

■参考文献一覧（編著者姓のアルファベット順）

George M. Brooke Jr.(ed.) *John M. Brooke's Pacific Cruise and Japanese Adventure, 1858-1860,* University of Hawaii Press, 1986.

地方史研究所『伊豆　下田』同所、1962年。

Allen B. Cole (ed.) *Yankee Surveyors in the Shogun's Seas, Records of the United States Surveying Expedition to the North Pacific Ocean, 1853-1856*, Princeton University Press, 1947.

マリオ・コセンザ（編）（坂田精一訳）『ハリス日本滞在記』上・中・下、岩波文庫、1954年。

福岡万里子『プロイセン東アジア遠征と幕末外交』東京大学出版会、2013年。

外務省（編）『日本外交年表竝主要文書―1840－1945―』上・下、原書房、1965年。

イワン・ゴンチャローフ（高野明・島田陽訳）『ゴンチャローフ日本渡航記』（「新異国叢書」11）雄松堂出版、1969年初版。

後藤敦史「幕末期通商政策への転換とその前提―アメリカ北太平洋測量艦隊の来航と徳川幕府―」『歴史学研究』第894号、2012年7月（のち、後藤敦史『開国期徳川幕府の政治と外交』有志舎、2015年、第5章、所収）。

後藤敦史「一外国人が見た開国日本―アレクサンダー・ハーバーシャムの航海記より―」『大阪観光大学紀要』第14号、2014年3月。

後藤敦史「一九世紀アメリカ合衆国による測量事業と幕末日本―ペリー、ロジャーズ、そしてブルック―」『日本史研究』634号、2015年6月。

後藤敦史「アメリカの対日外交と北太平洋測量艦隊―ペリー艦隊との関連で―」『史学雑誌』第124編第9号、2015年9月。

A. W. Habersham, *The North Pacific Surveying and Exploring Expedition: or My Last Cruise: Where We Went and What We Saw: Being An Account of Visits to the Malay and Loo-choo Islands, the Coast of China, Formosa, Japan, Kamtschatka, Siberia, and the Mouth of the Amoor River,* J. B. Lippincott & Co., 1858

函館市史編さん室（編）『函館市史』通説編第2巻、1990年。

フランシス・ホークス（編）（土屋喬雄・玉城肇訳）『ペルリ提督日本遠征記』上・下、初版、弘文荘、1930－31年、復刻版、臨川書店、1988年。

H・C・ヒュースケン（青木枝朗訳）『ヒュースケン「日本日記」』校倉書房、1971年。

本庄栄治郎「欠乏品貿易に就いて」『経済史研究』第16巻第4号、1936年10月。

本庄栄治郎「下田の開港と貿易」（下）『経済史研究』第17巻第2号、1937年2月。

本庄栄治郎「箱館に於ける欠乏品貿易」『経済論叢』第46巻第6号、1938年6月。

ブレーク、ウィリアム（William B. Blake）138
ブロムホフ、ヤン・コック（Jan Cock Blomhoff）16
ブロムホフ夫人（Titia Bergsma Blomhoff）15, 16
ペリー、マシュー（Matthew Calbraith Perry）5, 17–18, 21, 34, 63, 80, 82, 101, 108, 111, 116, *117*, 136, 139, 151
ポシェート、コンスタンチン（Konstantine N. Pos'et） 26, 28, 30, 66–67, 141
堀達之助 20, 91

ま行

マーシー、ウィリアム（William L. Marcy）101, 103–105, 108–109, 140, 145, 146
松崎満太郎 18
松村 明 72
水野正信 *49*
モジャイスキー、アレクサンドル（Alexander Feodorovich Mozhaiskii） 74
森山栄之助（多吉郎） 69, 85, 91, 149

や行

安井重遠 *46*, 51, 52
勇之助 23
吉田松陰 18

ら行

リード、ウィリアム・C・（William C. Reed）14, 24, 25, 27, 28, 31–34, 35–36, 37, 38–40, 41, 42, 43, 61, 67, 72, 75–76, 84–87, 90, 91, 93–98, 99, 100–101, 104, 106, 108–109, 111, 112, 130–132, 136–138, 139, 140, 145–149, 152
リード、ウィリアム・M・（William M. Reed）25, 64, 76
リード夫妻 14, 27, 60, 66
リード夫妻の子供 14, 27, 42, 60, 63–64, 76, 98
→ウィリアム・M・リード、ルイーザ・リード
リード夫人（Lavine Reed） 14, 25, 27, 42, 52, 59, 61, 62, 63–64, 71, 76, 98
リード、ルイーザ（Louisa Reed） 14, 25, 61, 64, *72*
リュードルフ、フリードリッヒ（Friedrich August Lühdorf） 28, 31, 34, 37, 38, 40, 41, 70, 84, 98, 105, 107, 112, 129, 148
リンゴールド、カドワレイダー（Cadwalader Ringgold） 80, 82, 100
レイサム、ミルトン（Milton Latham） 137
レソフスキー、ステパン（Stepan Lesovskii）27
ロジャーズ、ジョン（John R. Rodgers）5–6, 33, 38, 40, 41, 68, *79*, 122, 140, 145, 146

スペイデン、ウィリアム（William Speiden）
119, 120–121
関藍梁　65

た行

大道寺直寅　49, 51
タウロフ、ゲオルゲ（George Thaulow）　31, 84, 98
高岡（九郎左衛門）秀気　46
高川文筌　65
竹内（下野守）保徳（清太郎）　18, 93–94, 96, 98, 99
ダハティー、トーマス（Thomas T. Dougherty）　16, 24, 26, 27, 28, 29, 31–34, 35–36, 37, 38–40, 42, 72–73, 87, 91, 93–94, 95, 99, 100–101, 108–109, 112, 131–132, 136–139, 140, 145–149, 152
ダハティー夫人（? Dougherty）　138
力石勝之助　94, 98
筒井（肥前守）政憲　19
都筑（駿河守）峰重　18, 20, 70, 89
ドゥーナン、アレクサンダー（Alexander Doonan）　76–77
ドーティー、ヘンリー（Henry H. Doty）　14, 16, 24, 34, 35, 37, 38–39, 41, 67, 70, 85, 105, 109, 111, 116, 117, 132, 136
ドーティー夫妻　27, 93, 98
ドーティー夫人（Emma? Doty）　14–16, 25, 42, 59, 60, 64, 66, 68, 71, 98
ドビン、ジェームズ（James C. Dobbin）　92, 98, 101

な行

中川鉄助　85
中村（出羽守）時万　105
名村五八郎　94, 98

は行

パーカー、ピーター（Peter Parker）　91
ハバシャム、アレクサンダー（Alexander W. Habersham）　110, 124–128, 129, 133–135
ハリス、タウンゼント（Townsend Harris）　5–6, 40, 70, 76, 80–81, 102–104, 105–109, 112–113, 116–117, 132, 136, *139*, 146–149, 150, 151
林（大学頭）煒　18
バローズ、サイラス（Silas E. Burrows）　21–22
バーンズ、アンソン（Anson H. Barnes）　22
パンペリー、ラファエル（Raphael Pumpelly）　138
ピアース、フランクリン（Franklin Pierce）　23
ビドルマン、ウィリアム（William E. Bidleman）　25, 27, 38, 42, 109
ピーボディー、ホレース（Horace W. Peabody）　25, 27, 38, 42, 99
ヒュースケン、ヘンリー（Henry C. J. Heusken）　70, 113, 140, 150
フィルモア、ミラード（Milard Fillmore）　17
プチャーチン、エフィーミー（Evfimii V. Putyatin）　18–19, 22, 26–27, 28, 29, 30, 33, 65, 72, 85, 87, 122,
フート、カロライン（Caroline Elizabeth Foote）　22
ブラウン、エリファレット（Eliphalet Brown Jr.）　74
ブルークス、チャールス（Charles Brooks）　136–137, 138
ブルック、ジョン（John M. Brooke）　84, 99, 110

■人名索引

(1) 本文（はしがき・あとがきを含む）および註記で言及した人名を、日本語読みの姓により五十音順に配置した。
(2) 参考文献一覧に挙げる編著者名は採録しない。ただし加藤祐一など歴史上の人物として登場する場合は採録する。
(3) イタリック体(斜体)の数字は、章・節のタイトルから採録したものであり、その章・節に再出する同一項目は採録しない。
(4) →は参照項目を示す。

あ行

アダムス、ヘンリー（Henry Adams） 17, 21, 24, 28, 30, 35, 122
阿部正弘 99
伊佐新次郎 120
伊沢（美作守）政義 18, 20, 70, 89
石崎融思 16
井戸（対馬守）覚弘 18, 20
井上（信濃守）清直 70, 105, 108
ウォース、アンドリュー（Andrew J. Worth） 14, 22, 27, 29, 43, 67, 116, 132, 137
ウォース夫妻 14
ウォース夫人（? Worth） 14, 25, 27, 43, 59, 60, 68, 71
鵜殿（民部少輔）長鋭 18, 20
江川（太郎左衛門）英龍 19
エジャトン、エドワード（Edward A. Edgerton） 25, 26, 27, 38, 42, 43, *72*
エルドリッジ、ジェー・シー（J. C. Eldridge） 119, 120–121
岡田（備後守）忠養 108
奥村得義 51, 52
オリファント、ローレンス（Laurence Oliphant） 128
オールコック、ラザフォード（Rutherford Alcock） 143

か行

加藤祐一 15, *52*, 60, 61, 65, 67, 70–71
カニンガム、エドワード（Edward Cunningham） 132
川路（左衛門尉）聖謨 19, 52, 60, *65*, 70, 71
川原慶賀 16
カーン、エドワード（Edward Meyer Kern） 74
キャス、ルイス（Louis Cass） 146–147
久世広周 89
グロ、ジャン‐バティスト（Jean-Baptist Louis Gros） 77
黒川嘉兵衛 120
鍬形赤子 65
合原猪三郎 85–86, 88
五代友厚 53, 59

さ行

志筑辰一郎 91
ジャーネガン、ナタニエル（Nathaniel M. Jernegan） 16
ジャーネガン、ホームズ（Holms Jernegan） 16
ジャーネガン夫人（Abigale V. Jernegan） 16

後記

本著は、本文註記で再三言及したように、ハワード・ヴァンザント氏の好著（Howard F. Van Zandt, *Pioneer American Merchants in Japan*, Lotus Press, Chohu, 1980）に多くを負っている。

同書刊行のころ、一時「幕末開港問題」に凝っていた私は、一読すぐにロータス・プレス社の土屋晃社長に連絡を取り、翻訳の許しを得ようとした。残念ながら一足先の申し込みがあるとか、また私もやがてこの分野からはなれて、この話はそれで終わった。しかしその後も翻訳がなされた様子が無く、気にかけたまま歳月が流れた。

中部大学退職のころから「本卦還り」の気分で「幕末開港史」にもどり、同書を読み返すうちに興味が広がって、一方で翻訳草稿をつくるかたわら、日本側のカロライン・フート号史料を探すなどして日を暮らすようになった。翻訳草稿はできたが、時すでに遅く、ヴァンザント氏とその縁故者、土屋氏とその関係者にも連絡が取れず、この方は頓挫してしまっている。

翻訳作業と平行して下田や戸田を訪れ、東京や名古屋の文書館を訪ね、人を介してワシントンへまで手を伸ばして集めた史料がかなり溜まってきたので、書いてみた小論が「カロライン・フート号婦人図をめぐる若干の考察―ペリーとハリスのはざまで―」で、幸いに雑誌（中部大学）『アリーナ』第一七号（二〇〇四年一一月）に拾われて世に出た。本書第一章所収がこれである。これを読まれた方の示唆によって、この経済史的側面をもうすこし専門的に補足するつもりで書いたのが「下田「欠乏品交易」

とその貨幣問題—ペリーとハリスのはざまで—」であり、これまた雑誌（大阪経済大学日本経済史研究所）『経済史研究』に拾われる幸運を得た。本書第三章がこれである。「通貨・貨幣問題」を取り上げたとなると、カロライン・フート号の騒動でこれと対《つい》になる「居留権問題」を取り扱わないわけにはいかない。アメリカ海軍の北太平洋測量艦隊ロジャーズ司令官についてはかねて注目して資料を集めていたが、最近彼に関する好論文が発表されたことにも刺激されて書いたのが、「ロジャーズ司令官の下田・箱館—カロライン・フート号「居留問題」を中心に—」であり、これを本書第二章に収めてバランスを取ることにした。

以上わずか三編ではあるが、本来の専門をはずれた分野に手を出したこともあって、思わぬ多くの方々の援助を仰がなければならなかった。第一章および第三章については、初出時にすでに申し述べたので再度の言及は割愛するが、機関としての下田開国博物館、東京大学史料編纂所、名古屋市蓬左文庫、アメリカ議会図書館、ならびにお世話になったスタッフ各位のご助力に、改めて深甚の謝意を表しておきたい。

新たに追加した第一章補論については、今年初夏の下田再訪時に、尾形征己氏（下田開国博物館）から「ダゲレオタイプ」についてのいくつかの新聞記事や論考を見せていただいたことが、執筆の契機となった。たまたまエドワード・エジャトンとの関連で、黎明期の日本写真史資料を集めはじめていたことが、氏の示唆によって活きることになった。

今回初出の第二章については、嶋村元宏氏（神奈川県立歴史博物館）、後藤敦史氏（大阪観光大学・国際交流学部）の論考に多くのご教唆を得たほか、両氏には史料の所在およびそのアプローチについても多くのご教示を得た。デジタル社会に弱い筆者が、第二章補註に挙げた一次資料に触れることが出来たことの多くを、両氏に負う。

図版類の収録については、多くは改めて掲載許可を得たが、一部に刊行物からの複写を使わせていただいたものがある。各図の出所ならびに所蔵機関については、本文および註記に就いて見られたい。なお、今回新たに表紙に用いた「フート号船影図」についてはSan Francisco Maritime National Historical Parkならびに松林正己氏（中部大学・人文学部）に、裏表紙に用いた「下田亜米利加婦人図」については下田開国博物館ならびに藤崎美奈氏（同館）にお世話になった。また図および附図のデジタル処理にあたっては、木越義則氏（名古屋大学・経済学部）、渡部展也氏（中部大学・人文学部）の懇切なご教示を得た。

雑誌初出の折を含めて、出版・編集についても多くの方々を煩わせた。今回の取りまとめと出版に当たっては、風媒社ならびに同編集部・劉永昇氏のご尽力を得た。

以上、本書のなるにあたってお世話になった全ての方々に対して、改めて心からの感謝を申し上げる。

二〇一六年八月二七日

山本有造

著者略歴

山本 有造（やまもと ゆうぞう）

1940年　京都市に生まれる。

1967年　京都大学大学院経済学研究科修士課程修了。

京都大学人文科学研究所助手。

その後、京都大学教授、中部大学教授、等を経て

現　在　京都大学名誉教授。

主　著　『日本植民地経済史研究』名古屋大学出版会、1992年。

『両から円へ―幕末・明治前期貨幣問題研究―』ミネルヴァ書房、1994年。

『「満洲国」経済史研究』名古屋大学出版会、2003年。

『「大東亜共栄圏」経済史研究』名古屋大学出版会、2011年。

『「お雇い」鉱山技師エラスマス・ガワーとその兄弟』風媒社、2012年

カロライン・フート号が来た！―ペリーとハリスのはざまで―

2017年2月11日　第1刷発行

（定価はカバーに表示してあります）

著　者　山本 有造

発行者　山口　章

発行所　名古屋市中区上前津 2-9-14　久野ビル　振替 00880-5-5616 電話 052-331-0008　風媒社

http://www.fubaisha.com/

乱丁本・落丁本はお取り替えいたします。　＊印刷・製本／モリモト印刷

ISBN978-4-8331-3175-9